家康様、明日は関ケ原でPRイベントです

ストーリーで日本を変えた広報の天才たち

鈴木正義

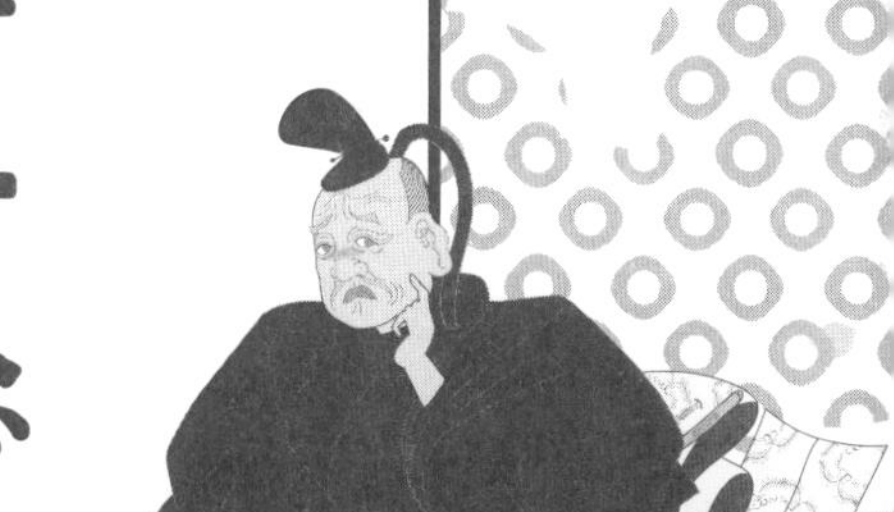

日経BP

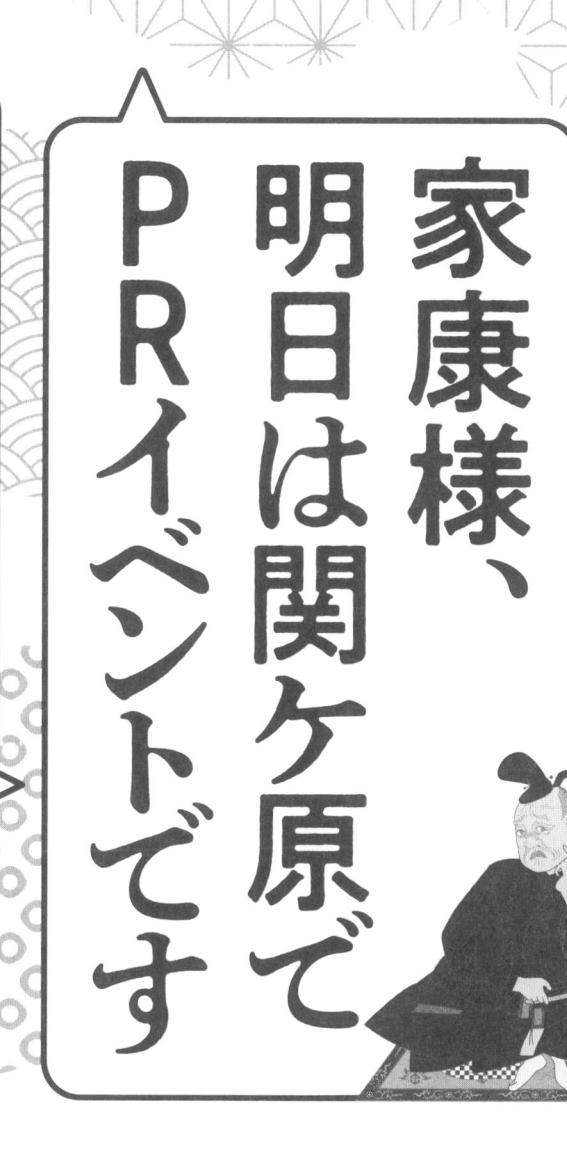

はじめに

私たち現代人は、来る日も来る日も情報の洪水にさらされています。手元のスマートフォンに次々と流れてくるネット広告やニュースにいちいち手を止めて見るものの、すぐに関心は違うことに移っていきます。情報発信者としては、たまたま消費者の関心を得られる幸運があったとしても、秒単位で新しいニュースが飛び込んでくる時代、消費者の心をがっちりとつかむことは至難の業になってきています。

このような時代にあっても、いつまでも心に残る、思わず共感して行動を促されてしまうような情報があります。

例えば、米アップルの創業者スティーブ・ジョブズが、2005年に米スタンフォード大学で行った伝説のスピーチがあります。スティーブの言葉に心を動かされた人々は、その精神が宿った製品を求めて店頭に行列を作り、手に取って心を躍らせました。

かの時から20年がたとうとしていますが、このスピーチは飽きることなく語られ続け、それに触発された起業家たちは、今も世界中で彼の精神を継承すべくイノベーションに挑戦し続けています。

このようにスティーブ・ジョブズが語った内容は、いつまでも影響力を持ち続けています。こうした情報発信を本書では「ストーリーテリング」、あるいは単に「ストーリー」と呼ぶことにします。ここで言うストーリーとは単なる「お話」ではなく、世の中を変える、他人の行動を変えるという意図を持って語られる物語で、かつ拡散力があり、自己増殖能力を持った物語です。

近年「ストーリーテリング」あるいは「ナラティブ」という言葉を広報、マーケティングの世界で耳にする機会が増えました。これはＳＮＳ時代になり、人々は瞬間的に消費される「ニュース」を追うことに疲れている一方で、よりエモーショナルに語りかけてくる「ストーリー」を求めるようになったことを反映しているのではないでしょうか。

こうした人から人に語り継がれる「ストーリーテリング」の仕組みを知ることは、広報やマーケティングに限らず、ＳＮＳ時代において就職活動、営業、会議、広告など、様々な局面で、もう一段レベルアップしたコミュニケーションを可能にするのではないかと思います。これが本書の狙いです。

◆　◆　◆

筆者は現役の広報職です。広報職にとって、ニュース発信からストーリーテリングへと広報活動の力点をシフトさせることは大きな課題です。日々そんなことに悩んでいますと、あるとき気が付いてしまったのです。

「ストーリーって……歴史じゃん」

こいつ何を言っているんだと思った方、もう少し辛抱してください。

はじめに

歴史というのは実は広報と類似性があります。学校の授業で教わる「歴史」、これは広報が発表する「プレスリリース」に相当します。歴史でも広報発表でも、ファクトに基づいた資料で正しく情報を伝えることは基本中の基本です。しかし、少々退屈な情報ですね。

一方、世の中には教科書では簡単にしか触れられていないのに、後世、芝居やドラマで人気になった真田幸村や宮本武蔵のような、心躍る「歴史物語」があります。この幸村や武蔵に相当する現代の情報発信方法が、本書のテーマであるストーリーテリングです。

歴史物語というのは、誰かが語り継ごうという意思を持っていたわけでもないのに、数百年もの間、いわば勝手に語り継がれてきました。そしてその間に読み物、芝居、あるいは映画やテレビドラマなどに形を変えて自己増殖し、むしろ物語の魅力は増大すらしています。これはまさに、先に述べたストーリーと全く同じ挙動をするものです。歴史は最高のストーリーテリングの参考書なのです。

そこで本書では、わくわくする歴史の物語を題材としながら、現代のビジネスにおける「ストーリーテリング＝物語を紡ぐ」の技法を探り、ストーリーテリングが持つ莫大なエネルギーをビジネスに生かす方法を示します。

一方で、広報には危機対応という大きな役目があります。近年では芸能事務所や大学のスポーツクラブ、自動車メーカーや中古車販売店などなど、社会的に広く知られているブランドの不祥事が相次ぎ、そのたびに広報対応の良しあしが取り沙汰されています。実はこうした危機状況の混乱は、ストーリーテリングのエネルギーがネガティブな方向に暴走することによって起きています。これについても歴史は多くの教訓を示してくれます。

こうした点を含め、本書では以下の項目で順を追って説明していきます。特に話の前後に強い関連性はありませんので、関心のある章やエピソードを選んで読み進めていただければと思います。

（1）歴史の分水嶺となったストーリーのパワー。本能寺の変、関ケ原の戦い、明治維新。時代の大きな節目には、必ず強いエネルギーを持ったストーリーが存在していました。そのストーリーは人々のエネルギーを解放し、時代を動かしてきました。まずはいくつか分かりやすい歴史事件を例に取り、ストーリーが持つ計り知れないパワーを具体的に紹介します。

（2）説明責任を果たすためのストーリーの骨子の見極め方。もしあの時こうしていれば……。そんな失敗の歴史を振り返ります。リスク時にメディアはどんなストーリーで事件を語りたがるのか、私たち広報がどんなストーリーを組み立て、危機対応に当たるべきなのか。広報以外のビジネスでも役立つ、危機対応時のストーリー作りに迫ります。

（3）レピュテーション（評価・評判）形成やブランディングに成功したストーリーテラーたち。各時代において、現代の我々よりもはるかに高度なストーリーを展開してきた「広報の天才」とも言える英傑がいます。その鮮やかな語り口を見ていきます。

（4）近年の多様化するコミュニケーションは、インフルエンサー、オウンドメディア、キャンペーンソング、イベントなど、様々なフォーマットを介して行われます。しかし、意外にもその原型となるものは、はるか昔に存在したのです。そのストーリー作りには、現在の私たちのコミュニケーションに対するヒントが詰まっています。

一つご留意いただきたいのは、多くの歴史上の事件は現代に語り継がれるまでの間に、後世に作られた芝居や物語によって解釈が加えられていることも少なくありません。本書では、これらの点もあえてあたかもリアルタイムに存在したかのように書いています。

例えば、長篠の戦いにおける「鉄砲三段撃ち」は後世の脚色で、現在の歴史研究では否定されています。しかし、本書が議論したいことは歴史の正しい認識よりも、「三段撃ち」というキャッチーな戦術が持つコミュニケーション力から現代の我々は何を学べるか、という点です。そのため、数百年かけて自己増殖してきたストーリーを、むしろ積極的に現代のレンズを通して読み取るようにしています。

この点ご留意いただきながら読み進めていただければ、必ずみなさんのビジネスのヒントとなると確信しております。

鈴木正義

CONTENTS

家康様、明日は関ケ原でPRイベントです
ストーリーで日本を変えた広報の天才たち

目次

目次

目次

目次

第4章

目次

第1章

歴史の運命を決めたストーリーテリング

01

ふるさと納税と秀吉の「刀狩り」の共通点

共感を呼ぶストーリー

「はじめに」でも書いた通り、「ストーリー」というものがネットなどを通じて強い影響力を持つ時代になっています。ビジネスにおいても、説得や交渉のようなシーンで、我々は意識することなく「ストーリーテリング」の技法を使って語っています。

こう書くと「それってつまり、話がうまいやつしか勝たん、ということ？」と思ってしまうかもしれませんが、そうではありません。ストーリーテリングは単なる話術ではなく、もっと大きな視点で捉えてほしいものなのです。

そこで、実際にストーリーテリングが、どのように大きな影響を与え得るかという例を、いくつか具体例でご紹介してみたいと思います。

現代の企業経営では「パーパス（存在意義）」という言葉をよく使うようになりました。この企業は経営を通じて、どのような社会課題を解決したいのかという、企業コミュニケーションのコアとなるメッセージですね。

地球環境保全、フードロス問題、教育に地方創生……優れた企業には、つい共感してしまいたくなるパーパスがあります。こうしたパーパスを語ることは、ストーリーテリングの代表的な使いどころと言えます。その企業の課題意識を知って、「自分も加わりたい」「自分にできることはないのか」と行動を起こしたくなれば、これはもう「優秀なストーリー」となります。ストーリーには共感させる力があり、その共感性を利用してビジネスを成功させている例は、たくさんあります。

■刀狩りでなぜ反発が起こらなかったのか

そのお手本とすべきケースを一つご紹介しましょう。今から400年ほど前にありました。「刀狩り」です。

刀狩りについてはおさらいするまでもなく、豊臣秀吉政権で行われた政策で、一般的には1588年に実施された「天正の刀狩り」のことを指すようで、本稿でもそれを前提に話をします。ちなみにこの時代の農民は普通に武装していまして、戦《いくさ》になると「マイ武器」を持って、バイト感覚で戦に参戦したり、気の合う仲間同士で一揆を起こしたり、ちょっと生意気なやつがいるとその集落までボコりに行ったりと、権力者たちからすると、なかなか手に負えないおじさんたちだったのです。

基本的に秀吉の刀狩りの目的は、2つあったと考えられます。一つは、武器がなくなれば争いごとの被害が小さくなり、農民が農業に専念するので農業生産力が上がる、すなわち年貢が増えるということ。もう一つは、一揆の防止です。

一つ目はまだしも、二つ目は農民からしてみると何のメリットもないだけではなく、時の権力に対して不満があった場合、「これに反抗するための武力を放棄せよ」と言われているのと同じですから、容易には受け入れられませんね。

ここでいきなり「刀狩りをします」という発表だけをしようものなら、納得できない農民たちによる反乱が起きかねません。刀狩り成功のためには、刀狩りがなぜ必要なのか、人々にとって納得できるストーリーが必要です。できればそのストーリーは、刀狩りは社会課題を解決するためのアクションであり、社会が豊かになっていくためにやっているという「パーパス系」であったほうが、説得力はあるでしょう。

結果だけお伝えすると、秀吉は刀狩り事業を成功させ、これが武家支配の安定を産み、その後に続く徳川の泰平の時代の基礎をつくったと言ってもいいかと思います。

さて、もしも秀吉に広報がいたら、そんな重要なストーリーをどうやって用意したのでしょうか。秀吉から広報宛てに、チャットが着弾したようです。

豊臣秀吉

オハヨー❕就業時間前から、ごめんね。この前言ってた、刀狩りの発表って、進んでるかな？ボクは最近茶の湯にハマっちゃってるヨ。こんど広報チャンも聚楽第においでよ

広報

おはようございます。刀狩りの件ですが、前回の会議でQ&Aのレビューをした際に、「集めた刀は何に使うのか?」という質問への回答が必要、ということになりまして。

豊臣秀吉

うん、だから、大仏つくるためって話になったと思うんだけど、そこから進んでないの？なにかボクのほうで、動いたほうが、いいコトあるかな？

広報

おそれながら、今回の大仏は木造の予定なので、鉄を集める口実としては、やや無理があるというご指摘が前回会議であったかと。そこでどうするかは、秀吉様に現在ボールがあるという認識です。

豊臣秀吉

おお、も木造……。そうだったorz。なんか鉄はこういう用途に使われますよ的なアイデアないかな？

広報

大仏の路線でいくなら、やや無理がありますが、大仏の木を留める釘でしょうか。

豊臣秀吉

くぎ的な、ね。そういうアイデアが欲しいわけよ。くぎ、いいじゃない。かすがいも入れようよ。

広報

かしこまりです。それと、もう一点。刀狩りの目的ですが、「戦のない平和な世の中を」というメッセージも入れてはどうでしょうか。そのためにみんなで協力しよう、という呼びかけになるような。

豊臣秀吉
戦がないと農家は生産性が上がるんだよなー。そうか、君ら農民の経験がないんだったナ。ボクは農民出身だから

広報
「#刀狩りで戦のない世界をつくろう」みたいな、ハッシュタグを付けて投稿したらどうでしょうか。

豊臣秀吉
「9割が知らない刀狩りで得する方法」みたいな感じのショート動画は？

広報
それだと真面目に取り組んでる人は萎えちゃいます。

豊臣秀吉
m(_ _)m。

広報
パーパスの骨子とQ&Aを、このあとPDFにしてお送りします。

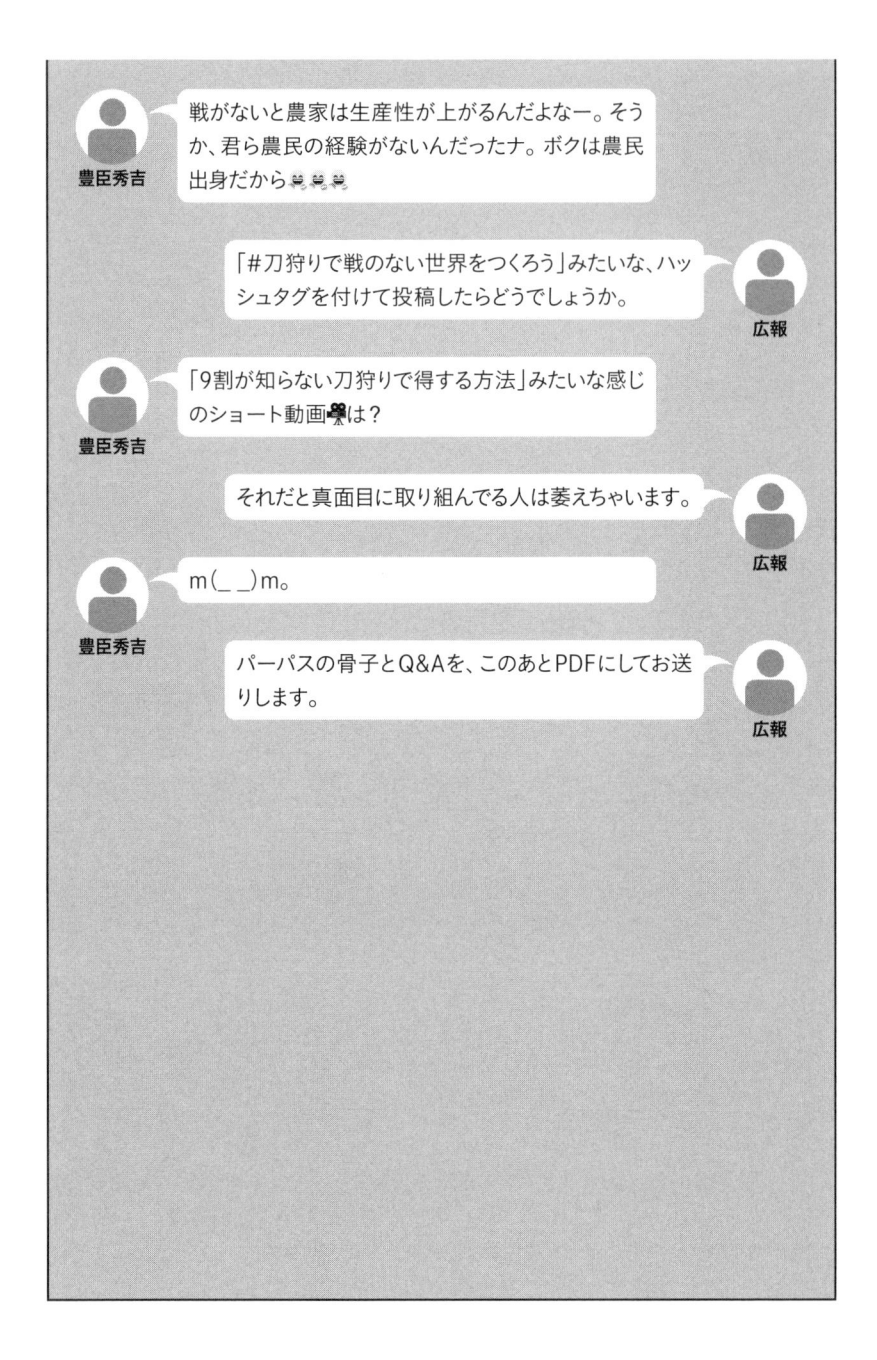

説明が遅くなりましたが、本書では広報やストーリーが作られていく過程を想起してもらうため、「もしかしたらこうだったのでは」ということでフィクションのやり取りを盛り込んでいます。現代のビジネスシーンに置き換えやすいように、こうしたチャット風のやり取りを、筆者の妄想として作っています。当然ながら、史実と食い違う場合も出てきますが、以降、この本の全面にわたって、こうしたやり取りが続きますのでご了承ください。

豊臣秀吉といいますと、「人たらし」といわれるほどのコミュ力の高い武将でした。そのコミュ力を使って信長の信用を得て、また部下たちからも慕われていたのでしょう。

ここに書いたチャットでは、秀吉のキャラを「おじさん構文」といわれる文体で、若手の部下との距離を詰めようと努力する設定にしました。ただ、おじさん構文は、かえって若い人からウザがられるそうです。これのどこがいけないのか、筆者には理解できないのですが、とにかくいけないそうです。

ともあれ、1588年に天正の「刀狩令」はアナウンスされました。当時の人々が聞かされたストーリーは、以下のようなものだったのかもしれません。

「戦のない世界をつくろう。
その納屋の刀、本当に必要ですか？」

（素案）

●ストーリー骨子

豊臣秀吉さまの時代になり、天下は統一、ついに戦国時代は終わりました。しかし残念なことに、いまだに各地で、いさかいや紛争などが大きな暴力事件に発展するケースが後を絶ちません。その主な理由は、みなさんが戦のためにそろえた槍《やり》や刀が、こうした紛争に使われているからなのです。

豊臣家の思い、それは「戦のない世界を」です。秀吉さまは、天下統一で戦をなくしました。次は、みなさんがアクションを起こす番です。

みなさんの納屋に眠っている槍や刀はありませんか？　近く、あなたの住む地域でも、刀を手放すだけの「ワンストップ刀狩り」が実施されます。

これにより、実質自己負担2000円で、煩雑な寄進の手続きを取る必要がなく、返礼品として大仏のご利益を子孫の代まで得ることができます。

みなさんのチカラで大仏を完成させ、戦のない世界をつくりましょう！

●想定Q&A

Q：どうして槍や刀を集めるのですか？

A：戦がなくなったのに、槍や刀を持っている人が近所をうろついて治安が悪いという苦情が、多数豊臣家に寄せられています。「戦のない世界を」を標榜する豊臣家としては、治安回復を目的として、刀狩りを実施することになりました。

Q：現在一揆を検討中の者です。刀を持ち続けることはできますか？

A：いいえ。刀剣類は危険なので今後農民の方はご所有いただけなくなります。

Q：槍や刀を複数持っています。個別に申請する必要がありますか？

A：ワンストップ刀狩り制度をご利用ください。実質自己負担2000円で返礼品を受け取ることができます。

Q：回収された刀は何に使われるのですか？

A：現在造立中の大仏の釘、かすがいなど、平和目的のために使用されます。なお、今回回収にご協力くださった農民の方は、初回限定返礼品として、大仏のご利益を末代まで提供します。

■ふるさと納税のようなお得感を打ち出していた刀狩り

ふるさと納税制度というものを、ズワイガニやシャインマスカットがもらえる国営のカタログギフトと勘違いしている人がいるかもしれませんが、そうではありません。都市部と地方の格差という課題に対し、自分にできるアクションとして、自身の住民税を応援したい地方の寄付に付け替える活動を後押しする制度です。いわば「地域間格差是正」というパーパスに対し、各自がその活動に貢献できるというストーリーがそこにはあるのです。

「返礼品」が付くことによって、次第に自治体同士の返礼品競争も過熱気味になり、今では本来のパーパスの意義は薄れ、国営のカタログギフトの様相を呈してきています。

筆者も高級牛肉に目がくらみ、何度も寄付をしていますので、あまり批判めいたことを言うつもりはありません。しかし、とにもかくにも、ふるさと納税は元々パーパス系のストーリーからスタートしたのです。

ここで紹介した秀吉の刀狩りは、このふるさと納税の元々の趣旨にちょっと似ています。

まず、「戦のない世界を」というパーパスがあります。そしてノーリスクで自分もその活動に参加できる、自分も社会を良くしたいという思いを、刀狩りを通じてかなえ、戦のない世界をつくるという物語の主体になれるという点です。なかなか素晴らしいストーリーになっています。

さらに、ふるさと納税でいう返礼品に相当する部分もあります。ただしそれはズワイガニではなく、回収された刀が「大仏造立」に使われるのでご利益がある、というものです。信仰心が強かった当時の人からすると随分お得な話で、とてもよく設計されたストーリーです。

そもそも「戦のない世界をつくろう」なんていう理想を掲げていますが、統治をする秀吉の本音は、武装解除で一揆のリスクを低減すること、農業効率をアップさせ年貢を増やすことにありました。農民たちも、そのことにはうすうす気付いていたでしょうが、ここまで説得力のあるストーリーで攻められては、ちょっと反論しにくくなりますね。

実際、刀狩りは粛々と行われ、その結果完全に農民と武士の身分は分けられることになりました。刀狩りが行われて以降、農民階級は長きにわたり、武士階級に支配される苦しい時代を生きることになります。

なお余談ですが、返礼品とされたご利益の大仏、秀吉は実際に造っていました。これは「方広寺の大仏」あるいは「京の大仏」などと呼ばれ、代替わりしながら1973年（昭和48年）まで残っていたのです。

この方広寺というお寺、豊臣家にとっては、なかなかいわく付きのお寺で、その後このお寺の鐘に書かれた文言がきっかけで、豊臣家は滅亡の運命をたどることになります。ご興味がある方は、調べてみると面白いでしょう。

02 ニュース視点で見た源平合戦
指示役と実行役の頼朝、義経兄弟

「刀狩り」の例で、「ストーリー」の背骨となる強い意思、この場合「戦のない世界をつくる」というパーパスの重要性をご理解いただけたかと思います。こうしたストーリーは、面前の人を説得するだけでなく、時間的、空間的に離れた顔の見えない人の共感をも生み、そのストーリーを聞いた人が、再び違う誰かにそれを語り継ぐ、という無限のエネルギーを生み出すことも可能です。

私の専門である広報という仕事は、企業の「ニュース」を発信する仕事です。しかし、「はじめに」で触れた通り、最近ではプレスリリースを打ってニュースになっても、1週間もすれば忘れさられてしまう、という課題に直面しています。そこで、共感と拡散のエネルギーを持っているストーリーの発信ができないかと、日々頭をひねっています。

そもそも、ニュースとストーリーはどう違うのでしょうか。この禅問答のような問いに悩んで、この本を手に取っている広報担当者も多いのではないでしょうか。

そこで源義経を例に、もう少し詳しくストーリーの正体に迫ってみたいと思います。実はファクト（事実）だけから成り立つニュースの視点で見ると、源頼朝、義経兄弟は繁華街で悪事を繰り返す〝半グレ兄弟〟のように見えてしまいます。

その話は後半に紹介するとして、まずは我々のよく知る義経像について、ストーリーテリングの観点からその活躍を振り返ってみましょう。あらかじめ言っておきますと、ここに語られる内容のかなりの部分は、歴史の事実とは異なる創作が後になってから加えられています。しかし、そのことにも意味がありますので、それについても後ほど触れます。

■源義経のストーリーは完成されたエンタメコンテンツ

義経は幼少期に鞍馬山で育てられ、鞍馬山の天狗《てんぐ》に兵法を教わったという伝説が残されています。この時の修行によって、後の様々な超人的活躍の根拠が与えられるわけです。『巨人の星』の主人公・星飛雄馬が、少年時代に大リーグボール養成ギプスを着けていたため、様々な魔球を投げられるようになったというのと話の構造は同じです。

それから義経（幼名牛若丸）は舞台を京都の五条大橋に移し、そこで怪力の僧兵・武蔵坊弁慶を翻弄します。ここでは「女性のように小柄で美しい容姿」「欄干の上に飛び乗るほどの軽い身のこなし」で弁慶を屈服させます。これまた後に、平家相手に無双をやるための伏線となっています。

ちなみに、この時弁慶は五条大橋の上を通りかかる侍に勝負を挑み、勝った侍から刀や槍を奪うという活動を行っていました。目的は不明ですが、1990年代に繁華街に出没した、ナイキの「エアマックス狩り」と同じようなものだと筆者は理解しています。

こうして、義経が武家のエリートとしての潜在能力を発揮し始めると、平家追討の院宣《いんぜん》が出ます。早速、兄頼朝と再会し、その後一の谷、屋島、壇ノ浦と、ものすごい疾走感の中で平家を滅ぼしてしまいます。一の谷の戦いでは、「鵯越《ひよどりごえ》の逆落とし」といわれる超人技で断崖絶壁を下り、わずか70騎の手勢で平家を打ち破ります。壇ノ浦の合戦では、平家得意の海戦となったのですが、船から船にポンポンと飛び移って、平家の武将を翻弄してみせます。この様子は「八艘《はっそう》飛び」と言われ、義経の超人的な身体能力がいかんなく発揮された物語となっています。

ところが、義経の活躍を大変喜んだ後白河法皇があまりに義経義経と言うものですから、義経もつい浮かれて、兄の頭越しに官位を受けたりします。これが兄の頼朝の怒りを買ってしまい、事態を重く見た朝廷も、義経を朝敵として認定します。

最終的に、義経は東北の地まで逃走の末落命します。この逃走の旅は『勧進帳』『義経千本桜』などの浄瑠璃や歌舞伎の演目になって、今でも上演されています。

以上のように、今、我々の知る源義経は、実にきちんと「起承転結」があり伏線の回収も完璧な、人を引き込む物語になっています。非常に、完成度の高いエンタメコンテンツですね。

事件ニュースとして見た源義経はかなりヤバい弟

次に歴史上の人物としての源義経を振り返ってみます。

『新 もういちど読む山川 日本史』は、高校で学ぶ日本史において教科書の決定版である山川出版社の通称「山川の日本史」を、一般向けに再構成した本です。本書で「歴史の上では」と表現するとき、この山川の日本史を基準にしますので以降ご了承ください。

というわけで義経ですが、現代でも超人気者でありながら、「山川」にはたったの2回しか登場しません。まずは「頼朝は弟の範頼、義経に平氏を追撃させ（中略）全国の軍事的支配権を握った」という形で紹介されます。さらに「逃亡した義経をかくまったとして奥州藤原氏を滅ぼし（後略）」とあって、いつのまにか殺されてしまっています。

平安時代から鎌倉時代へと時代が大きく移り変わる時、義経が果たした役割は、実はこの程度だったのです。これ以上でも以下でもない、ましてや伝説や後世になって書き加えられたエピソードなど、歴史を正しく認識する上ではノイズでしかないのです。これは歴史の授業としては極めて正しい姿勢です。

義経をファクトだけで捉え直し、もしその最期が新聞に掲載されたとしたら、以下のような記事になったのではないでしょうか。

「昨日未明、逃走中の朝敵源義経容疑者（30）が追討軍に発見され、容疑者はその場で自害した。義経容疑者は、指示役とみられる兄（42）の指示の下、平家追討の実行役として平家の関係者を殺害する様子がたびたび目撃された他、壇ノ浦では安徳天皇が崩御する事件にも関与したとみられている。その後、朝敵となった義経容疑者は、朝敵に指名される過程で兄との間に何らかのトラブルがあったのではないかとみられており、警察では関係者に事情を聞いている。なお、兄の源頼朝氏は、すでに不起訴処分が確定している」

こうしてニュース的に捉えると、なかなかヤバい兄弟ですね。義経はこんな半グレ感にあふれた兄弟の片割れとして、最期は犯罪者扱いで、半ば殺されるように自害してしまったのです。これが歴史の上での義経なので、物語のイメージとかなりギャップがあります。しかし、このギャップこそがニュースとストーリーの違いなのです。

ただ、義経にはこうしたファクトには残らない魅力がありました。波乱に満ちた義経の生い立ちや戦場で躍動する姿は、それに共感し、語り継ぎたいと思う人を出現させたでしょう。これが『平家物語』や『源平盛衰記』、さらにその内容から後日発生した『義経記《ぎけいき》』となっていきました。

前に述べた通り、義経の物語には後世様々なデフォルメが加えられています。実際、橋の欄干に飛び乗ったら、物理法則的に勢い余って川に落ちてしまうのではないかと、子供の頃牛若丸の絵本を読んでもらった時から疑問でなりませんでした。

ストーリーテリングが持つ自己増殖力

しかし、デフォルメされるということは、そのストーリーの語り手の「思い」がそうさせているとも言えます。義経の物語には、他人に伝えたくなるような共感ポイントがあり、この共感が語り手の熱量となって、さらに新たな語り口を作り出し、それが新たな共感を生み出します。これを繰り返しているうちにデフォルメされ、歌舞伎や浄瑠璃というエンタメコンテンツの完成形に進化していったのではないかと思います。

この、繰り返し語られるパワーを持つことこそが、今日ストーリーテリングが注目を浴びている最大の理由ではないかと思います。

そして、義経が亡くなって800年以上が経過した今でも、身軽なスポーツ選手に対して「牛若丸のようだ」と表現するときがあります。これは義経の伝説と、現実に存在する目の前のスポーツ選手を重ね合わせることで、伝説の八艘飛びや鵯越の逆落としのストーリーを再生産しようと試みているわけです。つまり「義経を語る」という行為は、まだ終わっていないのです。

最後に余談であり、少々文学論的になってしまうかもしれませんが、義経はいわば「強いけど弱い」ヒーローです。現代の漫画、アニメを見渡すと、先の星飛雄馬や『機動戦士ガンダム』のアムロ・レイ、『新世紀エヴァンゲリオン』の碇シンジなど、強いけど弱いヒーローがいます。我々が共感してやまないこれらの現代ヒーローは、その原型を源義経に見つけることができるのです。

我々現代人が参考にすべきは、このストーリーテリングの持つ自己増殖的なパワーにほかなりません。単なるニュースを超えて、人々の共感を燃料に語り手を代えながら無限の飛行を続けるストーリー。これをビジネスにどう応用したらよいか、次からもう少し実践的な内容に入っていきましょう。

03

明智光秀になくてパナソニックにあるもの

ビジョンの有無で明暗

さて、「事実ベースの歴史」というものと「ストーリーとしての歴史」の違いはご理解いただけたかと思います。先の義経のケースは、義経はストーリーとしては大成功し、後世に栄光を残すことができました。

ここからは「運命を決めたストーリーテリング」という視点で、歴史を捉えてみたいと思います。これにより、我々が現代のビジネスの様々な局面、例えば面接であったり営業であったり、無論広報であったりという中で、ビジネスの目的達成のために、どうストーリーテリングの手法を利用したらよいかという点について考えていきます。

そこでここでは、「本能寺の変」における明智光秀の対応をストーリーテリングという観点でチェックしていきます。なお、義経の物語は壮大な人生のストーリーでしたが、これから紹介するケースは、ある出来事をどのような「語り口」で語れば大きな共感を生むのかという、技法としてのストーリーテリングです。本書では一口にストーリーといっても、色々なレベル感が混在します。ややこしくなるかもしれませんがご了承ください。

■スタートアップこそストーリーテリングが重要

本能寺の変直後の明智光秀は、織田信長を倒したことで、突如、ポスト信長という大きな役割を期待される立場になりました。いわばスタートアップが初動で、いきなり注目を集めてしまったような状態だったかと思います。

明智光秀の話に入る前に、現代のスタートアップがコミュニケーションというものをどのように捉えるべきかについて、ちょっとだけ考えてみます。

自社が起業するに当たり、どのような社会的課題を認識し、どのようなビジネスモデルによってそれを解決するシナリオを描いているのか。こうしたことをストーリーとして言語化することは、投資家や優秀な人材を確保する必要のあるスタートアップにとって最も重視すべき事項と言えるかもしれません。

まだ事業が収益を出せていない段階で、固定費である社員を採用するには、まずは開発者、営業といった、直接ビジネスを動かすために必要なスタッフの強化から始めざるを得ません。しかし、会社が未来に向かって成長の方向性を定めていくこの時期、会社としてのストーリーをしっかり発信するためにも、コミュニケーション戦略の担い手である広報の専門職をチームに抱えておくことは、とても意義があると思います。

特に昨今は「パーパス経営」というキーワードが注目されています。要は「我々は何のためにこの惑星に生まれたのか」という壮大な問いを立て、そこから会社の進むべき大方針をストーリーとして固めるというわけです。

「営利と社会正義の調和に念慮し、国家産業の発達を図り、社会生活の改善と向上を期す」

突然ですが、これは旧松下電器製作所（現パナソニック）の「綱領」です。自社が何のために存在し、社会とどう関わっていくかを明確に語っていますね。さすがに立派な綱領です。

驚くべきは、この綱領ができたのが1929年、まだ創業者の松下幸之助氏が現場をきりもりするスタートアップと呼ぶにふさわしい規模の時代に作られたということです。想像するに、毎朝隣の町工場が朝礼で「国家産業の……」と「綱領」を大声で読み上げるのを聞いていたご近所の人たちは、この朝からにぎやかな会社が、後に日本を代表するグローバル企業に成長するとは思いも寄らなかったでしょう。世界に通用する企業は、その1歩目から覚悟が違っていたのです。

とにもかくにも、スタートアップが早々に広報機能を備えておくべき理由として、このような経営の旗印となるストーリー作りで、経営者を補佐することがあります。スタートアップの場合、従業員たちは利益が出て給料がもらえることはもちろん重要ですが、それ以上に、会社には希望や誇りを求めているはずです。その会社が何のビジョンも示すことなく、ただ利益のためだけに動いているように見えてしまっては、大事な人材が離反してしまうリスクもあります。

スタートアップはまた、市場にどんな新しい価値をもたらせるのかという、対外的なメッセージを発信することも必要です。具体的には先行する他社に対し、品質なのかデザインなのか納期なのか、あるいはコストなのか、何らかのメリットがなければ、そもそも誰からも求められない存在になってしまいます。

もう一つ、この時期に大切なのが、危機対応コミュニケーションの準備です。まだ経営基盤の脆弱な時期であるが故に、何かの手違いで会社が製品不良や納期不履行をしてしまった場合、ネガティブな発表をしなければなりません。

これがある程度実績のある大企業であれば、その損失をリカバリーするだけの体力も、あるいは積み上げてきた信頼やブランド力があるので、まだ何とかなるかと思います。しかし、そもそも生まれたてのスタートアップ。経営が順調なうちは興味を持って近づいてくる人もいるでしょうが、危機の状況で火中の栗を拾ってくれるような人は現れにくいでしょう。この段階で広報対応を誤って「炎上」させてしまっては、取り返しのつかないことになります。

少々前置きが長くなりましたが、これらの「スタートアップがやってはいけないこと」を全部やった人が明智光秀ではなかったかと思います。

何のメッセージも出さなかった明智光秀

明智光秀は言うまでもなく、「本能寺の変」を起こした張本人として歴史にその名を残しています。そしてまた「なぜ光秀は謀反を起こしたのか」ということは、戦国時代、いえ日本史最大のミステリーといってもよい問題で、様々な推測がなされていますが、決定的なものはありません。

そもそも明智光秀は、織田信長の家臣としては柴田勝家、羽柴（豊臣）秀吉らと並ぶ有力者で、NEXT信長の野心を持つには十分な位置にいました。本能寺の変を現代の企業に置き換えて考えると、織田信長率いる大企業で部長を務めていた実力者の明智光秀が、社内クーデターを起こし社長を追放したという出来事です。そして、自分が社長の後継者として名乗りを上げた、ということかと思います。

ただ、ここで光秀からは具体的に何のメッセージ発信もありませんでした。こうしてみると、本能寺の変がいかに異常な事態であったかが想像できるかと思います。

これでは、明智光秀がどういった信義があって織田信長を討ったのか、その大義が全く分かりません。また、織田信長からリーダーが光秀に交代することで、どういったメリットが周辺の大名や朝廷にあるのか、その点についての説明も全くありません。ここで先ほど例に出した黎明期のパナソニックのように、立派な「綱領」でも作って毎朝朝礼で唱えていれば、近所からクレームが来たとしても、周囲の大名の賛同を得られたかもしれません。

そうこうしているうちに、「主君の敵《かたき》」という大義名分を持った羽柴秀吉が、ものすごい勢いで中国地方の出張先から帰ってきてしまいます。これに対しても、光秀は何の対抗メッセージも出さず、ボーッとしていただけのように見えます。これは企業であれば、能動的にメッセージを発信する広報部門が機能していなかったということでしょう。

迫りくる秀吉軍を前に、明智家では広報対応の必要性を検討していたかもしれません。広報部から、検討結果の答申書が提出されてきました。ただ、どうも光秀は、あまり前向きではないようです……。

広報：明智光秀様

明智光秀：なに？　今ちょっと本能寺のフォローで忙しいんだけど。

広報：そのことですが、マスコミ各社に「本能寺の変」の狙いについて、会見を開いてはどうでしょうか。

明智光秀：いらない。どうせマスコミのやつら揚げ足取るだけでしょ？　本能寺を襲撃したのは事実だけど、オレは信長を殺してない。信長が勘違いして寺に火を付けたから亡くなった。これが事実だよ。よってマスコミに説明の必要なし！　これは法務にも確認取っているから。

広報：そうかもしれませんが、今後のビジョンを示しておかないと、周囲の大名も不審がるのではないかと。

明智光秀：大丈夫、大丈夫。君は若いから経験がないと思うけど、こんなのは戦国武将やってればよくあることだから。

広報：マスコミからも問い合わせが入ってきていまして。せめて取材だけでも。

明智光秀：そういうのもダンマリでいいの。「人の噂も七十五日」っていうでしょ。マスコミはシャットアウトだよ。

広報：はあ……。

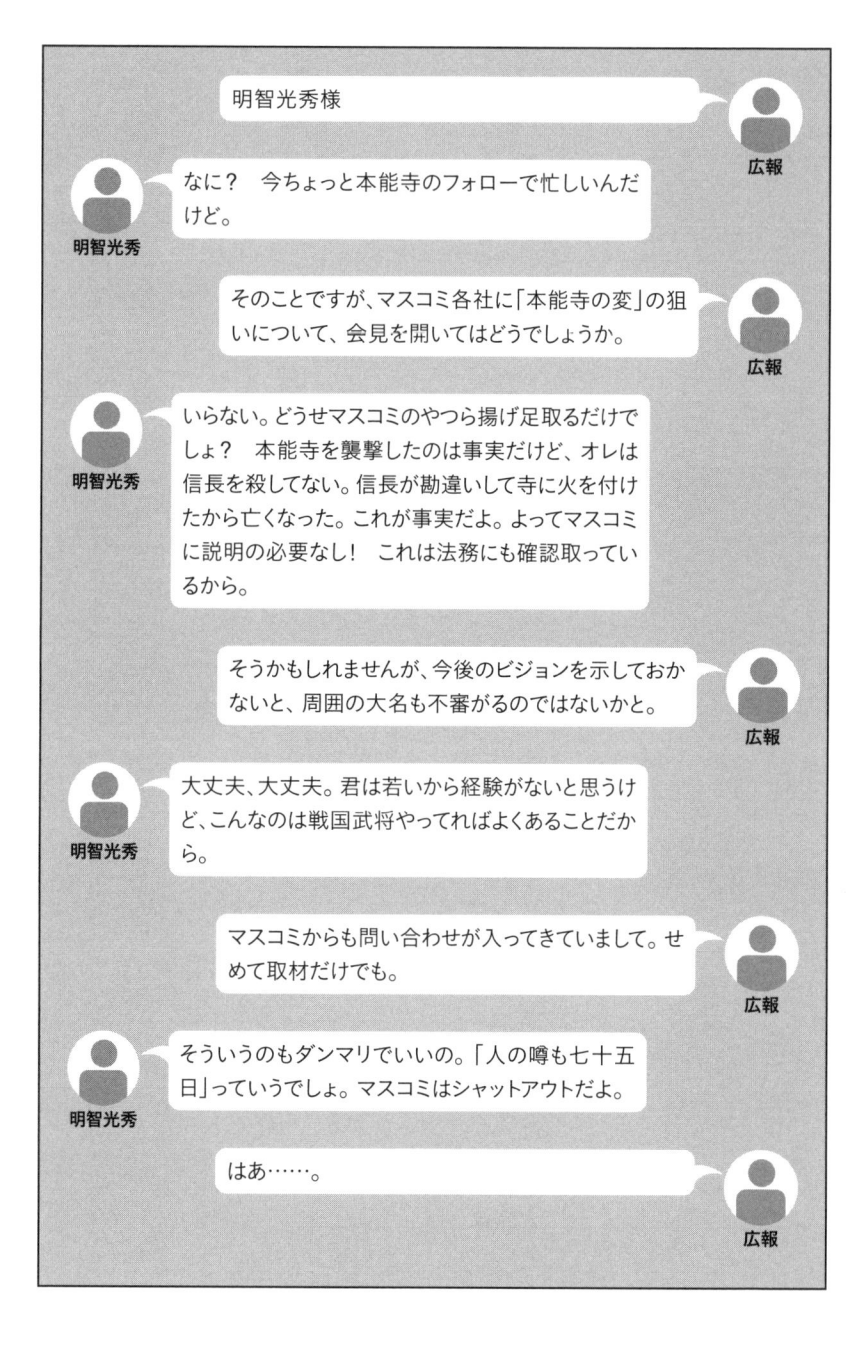

もちろん、実際にこのような会話があったわけではありませんが、これはダメですね。自分自身では説明がついたとしても、それを他人が同じように理解してくれるとは限りません。それでも、なぜか人はこのように甘い見立てのストーリーを描いてしまうのです。ストーリーというものは、聞き手の受け止め方がどうなるか、という想像力がないと、うまく作れません。

■「だんまりを決め込む」が最悪な理由

本来なら光秀は、自分の主張は一旦横に置いて、相手の心理を軟化させるにはどういうストーリーが適切なのか、という発想をすべきでした。

また「人の噂も七十五日」というのは、恐らく危機対応において説明責任を果たそうとしてこなかった、過去の様々な企業や団体のすべてのトップの頭の中をよぎったフレーズではないかと思います。これは、自分にとって楽な未来を予想しているだけで、マスコミの考えを読むというストーリー的発想が全くできていません。そして大抵の場合、この予想は外れます。

不必要なメディア露出を避けるため、「だんまりを決め込む」というのが広報の戦術である場合もあります。しかし、それは必要な情報をすべて出し尽くした後に取れる手段であって、何の説明もしていない明智家の場合、情報が出てくるまでマスコミからしつこく追いかけ回されることになります。

特にここで気を付けなければならないのは、会社が明確な広報窓口を立てていない場合、マスコミは諦めるのではなく、社員や社長にダイレクトに取材を仕掛けてくるということです。その結果、「こんなこと誰が言ったんだ！」という情報が、いつのまにかマスコミに書かれてしまいます。そして、そのスクープを知った他のマスコミが、さらに違う非公式な情報源に当たり、また別なスクープを出す。こうして過熱した報道は、とどまることを知りません。まさに最悪です。

このように甘い見立て、消極的な態度、何のビジョンも示さないなどなど、広報活動でやってはいけないことを、明智光秀は全部やらかしてしまったのです。せめて広報の専門家に耳を貸していれば、こうはならなかったのではないかと思います。

とはいうものの、得てして広報担当者というのは若い人が多いので、経験豊富な経営者からすると、その意見を取るに足らないものと思ってしまうか、自分にも広報の知見が十分にあると、勘違いしてしまいがちなのです。

こんな状態の明智家ですが、そこへ広報の天才、羽柴秀吉が帰ってきます。次の項では、この何のメッセージの発信もしない明智光秀に対し、秀吉がどのようなストーリーを作り込んで光秀を「謀反人」に仕立てていくのか、なぜ秀吉が信長の後継者たり得たかについて見ていきましょう。

04

豊臣秀吉は紛れもなく広報の天才

ストーリーテリングで戦いを制す

天下統一を目の前に、織田信長は明智光秀の行った本能寺の変によって、突然歴史の舞台から姿を消してしまいました。信長を倒したのは光秀だったにもかかわらず、結果的に信長の後継者となったのは豊臣（羽柴）秀吉でした。

前項でも述べた通り、武力で支配権を手にしたはずの光秀でしたが、その後何のメッセージも発信せず、一体なぜクーデターが起こったのか、周囲の武将としては戸惑いがあったことでしょう。光秀に先手を許す形となった秀吉ですが、ここからの電撃戦で見事次の時代の空気をつくり、天下を取る主導権を握ることになります。

■ 次の時代の空気をつくることがストーリーテリング

今、サラッと言いましたがこの「次の時代の空気をつくる」という行為は、広報やマーケティングの本質とも言える重要な活動です。例えば、昔は家電製品といえば日本製が高品質で外国製はダメだ、という雰囲気がありました。しかし、今では海外家電という単語があるように、すっかり市民権を得ています。これは海外家電に関わる誰かが、「時代の空気」をつくったからこうなったのだと思います。

この「時代の空気をつくる」ことこそ、ストーリーテリング最大の目的です。それを学ぶ上で、豊臣秀吉は格好のお手本です。

個人的に、秀吉こそ日本史における史上最高のストーリーテラーだったと思っています。ここではその一端を垣間見れる、本能寺の変の直後に秀吉が行った「中国大返し」について触れてみたいと思います。

その前に、本能寺の変があった時の信長の家臣について、少し整理しておきます。前に触れた通り、信長を頂点とした組織には秀吉、明智光秀、さらに柴田勝家といった、実力の拮抗した有力な家臣がそれぞれ軍団を率いていて、多方面で同時に戦争をしている状態でした。

本能寺の変の当時、光秀は畿内の担当、勝家は北陸、秀吉は中国地方の担当で、秀吉は中国地方の有力大名であった毛利氏と戦っていました。そして想像に難くないのは、秀吉ら家臣同士は微妙な力関係であったため、上司（信長）の身に何かあった場合、同僚同士による後継者争いは避けられない状況にあったということです。

恐らく秀吉はそのことを相当意識していたようで、本能寺の変の後、中国地方から戻って光秀を打ち取るまでは、あらかじめ起こり得る危機として想定していたかのように、本能寺の変からわずか10日程度で、備中高松から全軍を姫路まで引き上げるという迅速な対応をします。この電撃的な撤収を「中国大返し」

と呼びます。

では、なぜ秀吉が素早く撤収する必要があったのでしょうか。

広報、コミュニケーションというのは「ネタ」が何よりも大事ですが、実は「スピード」というものも同じくらい重要です。世間が新しい出来事に対し、まだ頭の整理ができていないうちに、いち早くその市場のリーダーであるかのような振る舞いをすれば、後から世間の承認が追いかけてやって来てくれるものです。このことを知っていたとしか思えないくらい、秀吉の中国大返しはこのコミュニケーションの「スピード」を重視した作戦でした。

「中国大返し」の後、秀吉が他の信長家臣を一歩リードできたのには、もう一つ大きな要素がありました。たとえ電撃的に戦力を引き返しても、光秀よりも秀吉のほうが信長の後継者としてふさわしいと、周辺の大名に認めてもらえなければ、いかに秀吉といえども勝ち目はありません。それには「中国大返し」は、あくまで主君のあだ討ちという大義のための行動であり、秀吉は「謀反人明智光秀」対「主君のあだ討ちをする豊臣秀吉」という構図の下に、周囲の大名から「共感」を得る必要がありました。

このように、中国大返しは「スピード」と「共感」という2つのゴールを同時に狙う必要があった、まさにストーリーテリングが勝敗の分かれ目となるイベントだったのです。

もし秀吉に広報がいたら、これらの難しい情報の舵《かじ》取りをどうしたでしょうか。本能寺の変に先立って、広報から高松の秀吉に、こんなメールが送られているようです。

秀吉様

広報です。水攻め、お疲れさまです。

先日ご指示いただいた、信長公に万一があったときのための広報対応、何パターンか準備中ですが、まずは明智氏が裏切ったパターンを起案いたしましたので、添付のPDFでお送りしました。ご承認いただきたく。パスワードは追って別メールでお送りします。

広報

中国大返し作戦要綱

●日時：信長公襲撃日をXデーとしてday1より発動。

●ラフ日程
・6月4日（Xデー）：機密情報管理の徹底（機密書類は関係者外秘）

【重要ポイント①】毛利側に情報リークがあると、和睦交渉で足元を見られることになります。また、明智サイドに豊臣（羽柴）家の動きを察知されると、周辺大名に呼びかけを行い、対抗策を取られる可能性が出てくるため、情報管理の徹底が重要です。

・6月5日：毛利側との和睦成立（日程優先にて交渉をお願いします）

・6月6日：周辺大名が明智サイドに帰順することを抑えるため、フェイクニュースをSNSに匿名アカウントで投稿。
（投稿文案：上様ならびに殿様いずれも御別儀なく御切り抜けなされ候。膳所崎へ御退きなされ候：現代語訳＝何かあったようですが信長様は無事です）

【重要ポイント②】「信長様が生きている」というフェイクニュースをマスコミが報道することにより、報道を見た武将たちが明智側に寝返るのを思いとどまらせるのが狙い。

・6月7日：尼崎拠点到着（予定）
→プレスリリース「逆賊明智光秀を討つ義戦開始のお知らせと参戦のご案内」配信予定。

-1-

【重要ポイント③】 織田信孝・丹羽長秀、池田恒興らの参戦を促すのが狙い。これにより明智軍に対し数的優位を確保します。

・6月12日：明智軍との決戦地富田到着予定
→プレスリリース「秀吉軍着陣のお知らせ」配信。

【重要ポイント④】 このプレスリリースがどこの大名よりも早く出ることにより、主君の弔い合戦にいち早く駆けつけたのは豊臣秀吉であった、というマスコミのトーンセッティングができます。来たるべきポスト信長体制の会議において、このメディア記事を背景に、柴田勝家殿などに対し優位な交渉が進められることとなります。

※日程はダミーで、実際の日程は戦の進捗や行軍の進み具合によって変更になる可能性があります。

以上

-2-

■情報統制とスピード感が戦いを制した

この企画書はフィクションですが、書かれている行動は「秀吉の中国大返し」として知られる一連の秀吉の実際の行動（諸説あり）になぞらえています。

秀吉がわずか10日ほどの間に行った広報活動をもう一度整理してみます。

①毛利側に情報リークが起こらないような情報の内部統制
②フェイクニュースにより明智光秀の油断を誘う（他の大名を仲間に引き入れさせない）
③主君のあだ討ちという大義の下、他の大名に参戦を呼びかける
④それでも一番に駆け付けた最大の忠義者は秀吉であった、というレピュテーションの獲得

際立って見えるのが情報統制の巧みさです。まず毛利軍との和睦をスムーズに行うために信長の訃報を機密扱いとしています。広報といいますと、やたらプレスリリースを打って記事をたくさん書いてもらう仕事だと思われるかもしれませんが、時に「情報を出さない」ことも重要な広報活動です。

その後は諸大名にニセ情報を発信し（これは現代の企業広報はまねしないほうがいいでしょう）、光秀側に付く可能性のある大名の判断を遅らせます。そして「大義」を持った秀吉が、「いち早く戦場に駆け付けた」というストーリーを周囲に植え付けたのです。

驚くべきは、これだけ短期間のうちに、矢継ぎ早に様々なメッセージを発信しながら、それぞれしっかりと目的にかなったコミュニケーションであったということです。恐らく普通の広報であれば、目が回ってとても付いていけないだろうと思います。しかし、逆に広報が側近として臨機応変にこれらの情報発信をしていなかったら、秀吉の作戦は失敗していたと思います。

繰り返しになりますが、秀吉と光秀の後継者争いは、それぞれの手持ちの軍勢もさることながら、どちらの側に付くか決めかねていた諸大名を、自分の陣営に引き込むことが勝負の分かれ目だったのです。それにもかかわらず、ほぼ何もしなかった光秀は、もしかすると武将としては秀吉に勝てたのかもしれませんが、情報統制とスピード感という広報力の差で秀吉に負けたと筆者は考えています。

元々百姓出身だった豊臣秀吉。この「中国大返し」のストーリーをきっかけに、天下人へと駆け上がっていきます。

経営者の方がこの本をもし読んでくださっているのなら、広報を社内にいる暇そうなやつらなどと思わず、ぜひ側近に据えることをご検討ください。そして広報自身も、マスコミ相手の華やかな仕事をするキラキラした職場などと思わず、常に経営者と同じ視座で戦場に立つ覚悟を持って職務に当たるべきでしょう。

05

「上洛したら必ず副将軍になれる」

それ、詐欺かもしれません

ビジネスの世界にＷｉｎ－Ｗｉｎという言葉があります。パートナーシップや取引をした両者が、それぞれにうまみを得られる関係のことですね。しかし、この言葉を使うとき、実は両社が同じようにＷｉｎしているわけではなく、どちらかのうまみのほうが大きいことがしばしばあります。

例えば「我が社があの一流ブランドとコラボしました！」みたいなアナウンスをよく見かけますが、この場合、一流「じゃないほう」のブランドの立場はとても弱く、費用から何もかも持ち出しになることがあります。一方、当の一流ブランドは「コラボさせてあげた」という態度で、汗一つかかずに何らかのうまみを手に入れます。

下手に出ざるを得ない企業のほうは、内心釈然としない思いを抱えつつも、そういう本当のことは言ってはならず「Ｗｉｎ－Ｗｉｎですね」と、ニコニコ笑っているのが大人なんだと思います。やはりブランド力というものは、会社の財産なんだなと感じる瞬間ですね。

そして戦国時代、このブランド力を使ってうまみのあるＷｉｎ－Ｗｉｎをやろうとした、足利義昭という人がいました。

将軍家というブランドの価値にすがった足利義昭

戦国時代といいますと、とにかく殺伐とした無政府状態で、道で目が合ったら即殺し合いが始まるようなイメージをお持ちではないでしょうか。しかし、実際にはそこまですさんではおらず、朝廷をトップとする律令制度の国家体制は健在で、武家のトップである征夷大将軍には、かなり衰退しながらも辛うじて足利家が代々その座に就いていました。

実はこの征夷大将軍という官位はちょっと特別で、朝廷に代わって官位を授けることができる役職でした。いわば「足利ブランド」というものが、辛うじて残っていたわけです。

足利義昭は第12代将軍足利義晴の子供で、紆余曲折《うよきょくせつ》の末征夷大将軍になる機会を得ました。しかし、問題がいくつかあります。一つは、義昭はこの時、首都である京都から放逐されていたため、将軍に任命されるためには朝廷に参内《さんだい》しなければならなかったこと、二つ目は、そもそも落ちぶれてしまった足利家にはろくな武力もないので、京都にたどり着くまでに確実に誰かに殺されてしまう、という点でした。

そこで一計を案じた義昭は、各国の戦国大名たちに「御内書《ごないしょ》」という書類を送っています。その内容は、要するに「私を京都まで護衛してくれるなら、副将軍にしてあげます」というものでした。

確かに落ちぶれているとはいえ、足利家は征夷大将軍になる家柄であり、先に述べたようにある程度の官位の任命権というブランド力はあります。戦国大名はいわば武力担当で、足利家の政治家としてのブランドと補完し合えれば、天下を治めるには「Ｗｉｎ－Ｗｉｎ」の良いストーリーが出来上がるわけです。

ただ冒頭に申し上げた通り、Ｗｉｎ－Ｗｉｎはブランドパワーをうまく使うことで優位に立つことができます。ここは義昭のストーリーテリング能力が試されるところです。

正直なところ、足利家にはもう財力も武力もほとんど残っていなかったので、足元を見られたらそれまでです。当の義昭もそんなことは百も承知だったわけですが、それを気にしている余裕もなかったので、むしろ足利ブランドを最大限に生かしたオファーを文書にして、主だった戦国大名に送ることにします。義昭としては、一世一代の広報を仕掛けようというわけです。

どうやら、義昭が織田信長に対して送るための御内書が出来上がってきたようです。果たして義昭の描いたコラボのストーリーは、どのようなものだったのでしょうか。

織田家の皆様

足利義昭

高配当！ 足利義昭上洛支援プログラム
～投資枠緊急拡大！～

このたび、足利家の当主足利義昭が征夷大将軍の拝命を受けるため、上洛することとなりました。これに当たり、今回、織田家および家臣の皆様限定で、未公開情報の高配当な支援プログラムをご紹介します。

●こんな方にオススメ！
・将来のために運用できるまとまった荘園が欲しい
・副業で毎月収入が欲しい
・リスクのない投資先を探している
・副将軍職などのインセンティブのあるファンドを探している

●当ファンドの特徴
・長年征夷大将軍職を担ってきた足利家だからできる高配当な運用！
・通常オープンにできない超高金利を今回限定でオファー！
・毎月安定した配当があります！
・投資は上洛の護衛任務のみの軽作業！
・元本保証。絶対に損はしません！
・過去には著名な武将が当ファンドを利用して夢をかなえています！

詳しくはこちらをクリック！（ファンド枠はなくなり次第終了）

織田家と足利家のWin-Winのパートナーシップがここからスタートします！

==緊急告知==
投資枠を緊急拡大！
今ならさらにお得なファンドを限定でオファー。お急ぎください。
こちらをクリック！

ちなみにこの文章は、「よくある投資詐欺の例」をネットで調べて参考にさせてもらいました。投資詐欺のパターンの一つに、有名人の名前を使って信用を持たせる、というものがあります。足利義昭のこのアイデアも、そのような足利家ブランドを生かした、よくできた詐欺……いえ、広報活動に見えますが、実際の歴史では御内書を受け取った毛利元就、上杉謙信といった武将からは反応がありませんでした。

と、いいますのもこのプラン、冷静に見ると義昭陣営からの持ち出しが何もないことに気が付きます。戦って血を流すのはあなたの担当、将軍になるのは私の担当、という提案ですから、「いや、ちょっと待てよ、これ」となるのが普通でしょう。

そもそも落ちぶれた足利家から、副将軍なんていう地位をもらっても何の得もないでしょう。

しかし、いくら何でも足利家を金融詐欺に見立てたのは少々失礼が過ぎたと思います。が、実は「詐欺師」というのも、ある種優秀なストーリーテラーであるということを忘れてはなりません。その点を書いておきたく、失礼を承知でこのようなデフォルメをさせてもらいました。

■ 自己評価が甘過ぎた足利義昭のストーリー

突然ですが、人間とは何でしょうか。その説明の一つとして「自分の置かれている立場を甘く見積もる生物」という定義ができると筆者は思います。

広報の仕事を長年していますと、自分たちのブランド力や新商品の話題性について、過剰に甘い見立てをする経営陣や商品企画と出くわすことがあります。この人たちはマスコミが好意的な記事を書いてくれるものと甘い見立てをして、どうしても記者発表をやりたいと言ってきます。その結果、何の反応もマスコミから返ってこないのですが、その様子とこの場合の足利義昭の状況は酷似しています。

そもそも京都に常駐することすらできないほど衰退していた足利家のブランドは、すでに「オワコン（世間的に注目すべき時期が終わってしまったコンテンツ）」となっていました。しかし、藁《わら》をもつかむ思いの義昭にはそれが見えません。当てにしていた武田信玄などから返事がないことで、うすうす現実に勘付き始めていたと思うのですが、そんな時に、ちょっと変わり者の織田信長が手を上げてきました。

小躍りしてコラボを決めた義昭、一緒に信長と上洛に出発します。そして、そこからはさすがの織田信長、期待通りにバンバン敵を倒し、義昭の上洛を実現させます。ついに義昭は、念願通り第15代室町幕府将軍の地位を任命されます。

ここまでは義昭陣営の思惑通りでしたが、義昭にとって想定外の事態が発生します。プラン通り、信長に副将軍のポストをオファーしたのですが、信長はこれをスルーしてしまうのです。

元のプランでは、栄光ある足利家を支援し、戦乱という社会的課題を解決し、さらに自分は名誉ある官位にも就ける、というストーリーで相手はこれに共感する、というものです。

義昭とすれば、副将軍の辞令の紙切れ一つでも出しておけば、ほぼ投資ゼロで信長を軍事的な後ろ盾として支配下に置いておける、ある種の「やりがい搾取」を考えていたのですが、この信長の挙動は想定の範囲を超えていました。

ストーリーを作る上で注意すべき点があるとすれば、こうした物語の受け手の反応を読み誤ることではないかと思います。このケースでは、義昭自身が足利家のブランド力を過信していたのと、信長が何を理由に協力してくれたのか、推測するだけの余裕が義昭にはなかったので、途中まではうまくいったものの、結果ストーリーの作り込みは失敗に終わります。

結局、信長はこの上洛サポートの見返りとして草津、大津、堺といった、後の信長の経済政策で重要な役割を果たす拠点を手に入れています。ちょっと冷静になって考えると、あの織田信長が、こんな調子のいい詐欺まがいの話に乗せられたとは考えにくく、あくまで自分の利益になるところまでしか協力するつもりはなかったのではないでしょうか。

もしかすると、義昭自身もそのことにうすうす気が付いていたのかもしれませんが、そこに頼らざるを得なかったのが、義昭の現実だったのでしょう。

その後の信長の活躍はご存じの通り。長篠の戦いで武田を破るなどし、限りなく天下人のポジションに近づきます。ちなみに、この間に足利義昭との蜜月の関係は解消されます。義昭は形だけ将軍として生き残りますが、やがて本能寺の変があり、天下取りの主役は信長から秀吉へと移ります。

これまで武家の頂点のポストである「将軍」を超える立場の武将は、理論上現れるはずがなかったのですが、秀吉はその上をいく「関白」になってしまったのです。ここで、義昭の将軍ブランド作戦は完全に終《しゅう》焉《えん》を迎えます。1588年、義昭は将軍職を返上します。

その後、義昭は豊臣家の一家臣として残る人生を全うしました。足利家再興の長い旅はこうして幕を閉じました。

06

信長のKPIがきつ過ぎる

桶狭間広報に懸ける織田家の未来

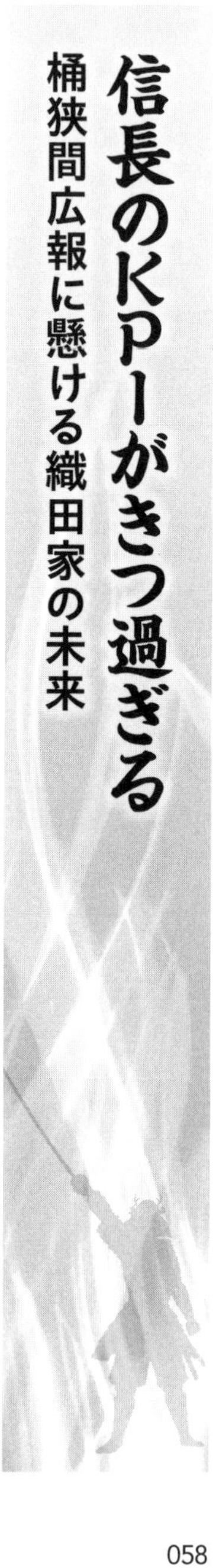

ここ数年「おしゃれ家電」と言われる製品がヒットしています。静かな掃除機、パンがおいしく焼けるトースターなど、洗練されたデザインと共に「くらしの質を高める」機能が話題になっています。それまで家電の新製品は、前モデルよりもどれだけ性能が向上したかの「ファクト」を訴求するものでしたが、正直なところあまり意味のある違いに思えず、筆者も家電はどれも同じに思えて飽き飽きしていました。

一方、おしゃれ家電は決して画期的なテクノロジーを訴えて成功したわけではなく、使う人の生活がこうなるという「ストーリー」に重きを置いたから成功したと言えます。これを一般化して考えると、平凡なトピックスにストーリー性を与えられれば、周囲から共感を得てビジネスでライジングできるわけです。

■ ニュースの「主語」を奪取するにはストーリーが必要

さて、時は戦国時代です。従って常に誰かと誰かが戦をして、勝ったり負けたりしています。当時、もし新聞やテレビがあってニュースを見ている人がいたら、家電の新製品ニュースと同じくらい、戦のニュースには飽き飽きしているでしょう。

しかし一方で、とてつもなく不利な条件にもかかわらず、戦にあざやかに勝利した、というストーリー性があれば、一気にその人物に注目が集まるはずです。そして、その彗星《すいせい》のごとく現れた武将と同盟を組んでみたい、と考える戦国大名がいてもおかしくないでしょう。

1560年、織田信長が二十代半ばを過ぎた駆け出しの武将だった頃、駿河国を治める有力大名の今川義元との間に有名な「桶狭間《おけはざま》の戦い」がありました。結論を言ってしまうと、この戦いの勝利をきっかけに信長は頭角を現します。前述したような通り一遍の戦に勝った「ファクトベースのニュース」ではなく、ジャイアントキリングの痛快なストーリーだったことが、信長ライジングの契機となったのです。

ちょっと飛躍しているように思うかもしれませんが、おしゃれ家電の成功と織田信長のライジングは、どちらもストーリーを起点としているという点で同じ構造なのです。

一つ注意すべきは、この時点の織田信長はまだ尾張国すら統一できていない無名の大名だったことです。一方の今川義元は全国的な知名度がありましたから、ジャイアントキリングしても話題性では織田よりも今川を主語にしたニュースのほうが、マスコミにとっては書きやすいのです。ここで広報が織田を主語にしたニュースを獲得することは、織田家を全国区の有力大名にする上で、戦に勝利するのと同じくらい重要なことです。そのためには「ストーリーのフック」に一工夫が必要になりそうです。

もし織田信長に広報がいたら、信長は広報にどんな指示を与え、そして広報は何をフックに桶狭間のストーリーを作ったでしょうか。どうやら広報のところに、その信長からチャットが届いたようです。

織田信長
今いいかな。

広報
おつかれです！

織田信長
今週、桶狭間で今川義元と対決することになってるのは知ってるよね？
これの広報ってどうなっているか、まだ説明聞いてなかったよな？
マスコミも注目すると思うから、せっかくの機会なので当然広報やるよね？

広報
はい。準備しています。

織田信長
まあ戦は無論勝つし、メディアにも取り上げてもらえると思うけど、くれぐれも負けた今川のほうがメインのニュースになるなんてことのないように。

広報
かしこまりです。KPI（重要業績評価指標）の記事数は達成する見込みです。

織田信長
あのさ、かしこまりじゃなくてさ、イメージできてる？
メディアが書きたいのは今川が負けたっていうニュースで、織田が勝ったニュースなんて今の時点で面白くないわけよ。
ほっといたら翌日の朝刊なんて「大名最大手今川、新興大名に敗れる」「今川不覚、天下取りに黄色信号」と、普通にこんな見出しになっちゃうと思わない？
言っとくけど、そういう見出しの記事でKPI達成とか言っても認められないからね。
とにかくサクッとPR戦略をつくって、メールでいいので概要をお知らせください。

広報
……承知です！

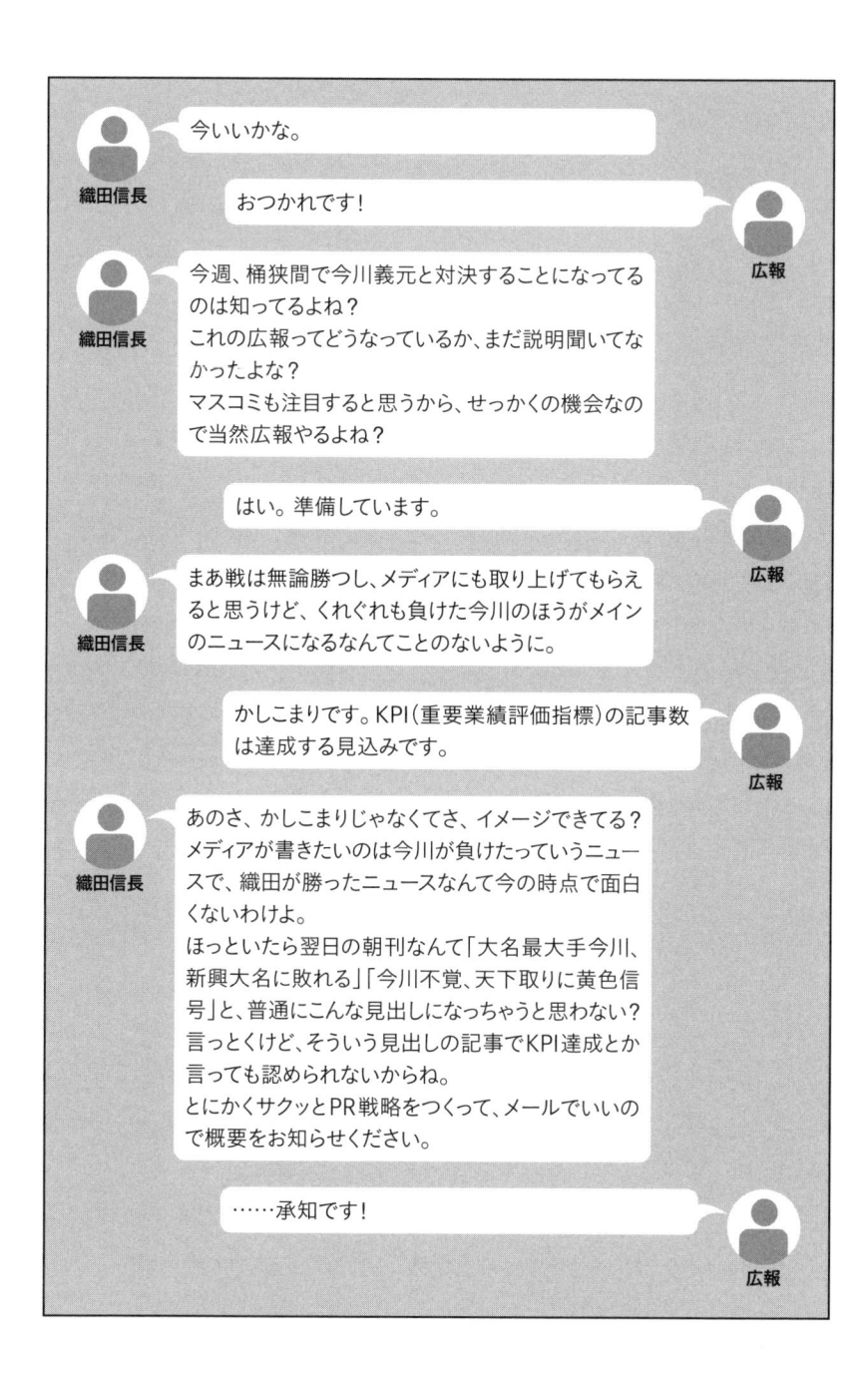

桶狭間の戦いについては諸説ありますが、織田信長がわずか2000人の軍団で、今川義元の2万5000人ともいわれる軍勢を打ち破った戦いです。いわば、一介のスタートアップが、GAFAMのような世界的巨大IT企業を打ち破ったわけです。この話題ならば、恐らく漫然と受け身の姿勢でいても、相当数のニュースにはなるでしょう。

しかし、この段階では織田信長はマスコミから見て特別な存在ではありません。今川という強い大名が敗れた、という要素でニュースは成立するのです。

元横綱の白鵬の連勝記録が63でストップした時、対戦相手が誰だったか、みなさんは覚えていますか。全員が大相撲ファンである前提で質問してしまいましたが、相手は稀勢の里でした。でも、それを覚えている人はあまりいません。

信長が言っているように、今川が負けたニュースではなく、スタートアップ大名である織田家がニュースの主語を奪取しなければ〝稀勢の里状態〟で、いつまでも織田は弱小大名扱いのままでしょう。ニュースの見出しを取れるような、痛快なストーリーを作り上げることでこの局面を打開したいところです。

■ KPI至上主義がストーリーの邪魔をする

と、こう書くと至極当たり前の話になるのですが、多くの企業ではこのような課題意識すら上がってきません。広報のKPI（重要業績評価指標）を記事の「数」に置いているので、満足してしまうのです。もし記事数だけがＫＰＩであれば、今川中心の記事を出されることに、広報は何の課題も感じなくなってしまいます。広報のパフォーマンスを「数」でマネジメントし過ぎると、ストーリー発想の広報が生まれる妨げになってしまうのです。

改めて信長からのチャットを読むと、どうやらそんなところまで見通して、広報から何もアクションも出てこないのでパワハラ全開で詰めてきます。最後に「お知らせください」と敬語を使っているのが、かえって怖いですね。

ただ、さすがにここまで上司から詰められれば、この先どのような広報をしていけばいいか、大体企画に落とし込めるのではないでしょうか。織田家広報部の返信を見てみましょう。

Subject:**Re:桶狭間のPR戦略について**

TO：織田信長様
CC：佐々政次様、千秋四郎様、関係各位

返信遅れまして申し訳ありません。

以下の通り桶狭間のPR戦略をまとめましたので、チェックのほどよろしくお願いしたく。

●企画意図
ポスト桶狭間時代という価値観を醸成し、次世代有力大名の中心的地位を織田がキャプチャーすることで、天下取りのためのマイルストーンを築く。

そのためには桶狭間の戦いで勝利することはマンダトリーとして、そのニュースの主語が「今川」一色になることを食い止め、「織田」という存在にアテンションが集まることが望ましい。

●ナラティブ骨子
戦国時代に世代交代のモメンタムが押し寄せている。その代表格である織田信長は、今川義元を打ち破ったことでそのパフォーマンスが証明された。

【※重要】今回相手方に対し少人数で奇襲し、打ち破る作戦をお願いします。少人数で大軍を打ち破るのは、源平合戦や中国三国志でもたびたび登場するストーリーで鉄板の広報ネタにつき、今回ここでインパクトを出したいと思います。当方が2000人ほどであれば、今川勢は2万5000人いた、といった資料を戦の後で配布します。

・**発信方法**：戦勝のプレスリリースの発信(敗戦時のリリースは行わない)
・**個別取材の打診**：(ターゲットメディア：『週刊戦国ビジネス』『月刊戦国ストラテジー』)

以上

イラっとするカタカナ語の多い織田家広報のキャラは置いといて、この戦の広報的テーマは「大手大名今川敗れる」というニュースを上回る、話題性のあるストーリーを作ることでした。ちなみに広報が使っている「ナラティブ」は、本書で使っている「ストーリー」とほぼ同じ意味です。ナラティブと言ったほうが頭のいい感じがしますが、他のカタカナ語と同じく、伝わりにくくなるという副作用があります。

キーワード化はストーリーテリングに不可欠な要素

それはさておき。この企画の良い点は、「ポスト桶狭間時代」という斬新なキーワードを用意した点です。このキーワード一つで、今川は負けた過去の人、勝った信長はこれからライジングしてくる未来の人、という単純化した未来が出来上がります。また、もしマスコミがこのキーワードを気に入ってくれれば、この先、戦国の情勢を報道する際に「ポスト桶狭間」という名称が繰り返し使われることになり、そのたびに信長の勝利が想起される、というメリットもあります。

もちろん歴史文献に「ポスト桶狭間時代」などという言葉は間違っても出てこないのですが、この戦の持つ「歴史的意味」を端的に表しています。キーワードはストーリーが動き出す上で欠かせない要素なのです。

この戦いをきっかけに、織田信長のライジング物語は始まります。しかし、この瞬間に桶狭間の戦いがそこまで歴史的意味を持つと確信できた人は、少なかったでしょう。それでも桶狭間の戦いがそれなりに注目されたのは、当時の人々の「共感」を得られるストーリー性があったからです。それは「少人数で大軍を打ち破る」ですね。

ちなみに今川義元の本陣を守っていた兵力は、せいぜい4000~5000人だったという説もあります。信長の2000人よりは多いのですが、そこまで圧倒的な兵力差ではなかった可能性があります。そうなると、「ジャイアントキリング」のストーリーに仕立てるのが難しくなりますよね。

このように、いくらストーリーが起点になるといっても、そのストーリーを支えているデータがお粗末では興ざめしてしまいます。そこで織田信長は、ちゃっかり桶狭間の数字を、自分の都合のいいように操作して広報してしまったようです。戦国時代としてはいい作戦ですが、現代の我々は決してまねしないほうがいいでしょう。

結局、桶狭間の戦いは、ここで企画した通り（筆者が歴史の教科書を見ながら書いているので当たり前なのですが）、少人数の織田軍が今川の大軍勢を翻弄し、大将今川義元の首を取ることに成功します。織田信長勝利のストーリーは、恐らく各国武将の耳にもすぐに届き、織田家の存在感は一気に大きくなります。これをきっかけに今川家は没落し、反対に織田信長は全国区の武将としてライジングしていくのでした。

07

楽市楽座、信長の本当の狙い

サステナビリティーの輪を広げる

サステナビリティー（持続可能性）という言葉を耳にするようになって久しいですね。今やどこの企業でも、地球温暖化や環境破壊などを食い止め、争いや貧困を解消するための行動を起こし、持続可能な経済活動に貢献することにコミットしています。

サステナビリティーがこれまでの社会貢献活動と決定的に異なる点は、企業の営利追求と社会への貢献が一致する、という点です。

例えば本業で得た利益をすべて吐き出して、CO_2（二酸化炭素）削減などの社会貢献を行えば、短期的にはイメージアップにもなるように見えます。しかし、それでは社会貢献をすればするほど会社の経営を圧迫してしまいますし、経営に余裕がなくなった時に社会貢献活動をやめるという、つらい決断をしなければなりません。

かといって、営利追求のために環境破壊を進める企業はイメージが悪いだけでなく、自分たちのビジネスの受け皿となる社会を破壊することになり、とても将来性があるとは言えません。あくまで企業としての営利追求と、社会の発展が相克しないように考えられた合理的な活動のみが、サステナブルな企業活動と呼べるのです。

■ 言語化しなければ伝わらないサステナビリティー

と、ちょっとカッコつけたことを言ってしまいましたが、ここからはコミュニケーションの話をします。せっかく良い活動をしているのですから、それを周囲のステークホルダー（利害関係者）にも伝えたいところです。環境問題などは、取引先も巻き込んでサプライチェーン全体で取り組めばさらに効果的です。そのために自身の活動を言語化し、周囲に共感の輪をつくることは、活動そのものと同じくらい大切です。共感を生むためのストーリーテリングはサステナビリティーには欠かせない活動なのです。

今から約400年と少し前、サステナブルな経営をしていた人物がいました。あの桶狭間の戦いから8年後、1568年に織田信長が行った「楽市楽座」がそれでした。

信長がサステナビリティー、というと意外と思われるかもしれません。戦国武将というと、寸暇を惜しんでは武力で他国を侵略する戦闘狂のようなイメージがあるかもしれませんが、実際には領地経営にも力を入れていました。信長の領地であった美濃は、戦続きで治安が悪化し、人口減になっていました。自分の軍勢を支えるためにも、美濃の経済力を回復させることが喫緊の課題でした。

楽市楽座は、自由に商売ができる経済圏を保証する制度です。この制度は、戦乱によって荒廃した地域に商人たちを集め、そこから関係人口を増やすなど、地域社会の発展を狙いとしています。住民の目で見ると安心して商業が行え、そこから徴税する織田家の経営は商業が発展すればするだけ安定します。

楽市楽座は、現代のＳＤＧｓ（持続可能な開発目標）でいう「産業と技術革新の基盤をつくろう」や、「住み続けられるまちづくりを」といった目標にかなった、サステナブルな取り組みだったのです。

しかし、そんな楽市楽座も、本当に成功するためには地域に人に移り住んでもらわなければなりません。そのためには、現代の企業におけるサステナビリティーと同じく、この理念を広報し、大衆の共感を集める必要があります。

もし信長に広報がいたら、信長はサステナブルな広報活動を指示していたかもしれません。今回もパワハラ全開のメールを広報に送っています。

Subject: **楽市楽座、広報のご提案**

広報チーム殿

先日は美濃制圧、おつかれさまでした。
制圧したのはよいのだけど、民が離散してしまって、以前のような人流が戻ってこないんだよ。全く生産性が上がらないわけ。美濃のイメージ悪過ぎじゃない？　広報してるの？

大体、こうなることは前から分かっているわけだからさ、普通ならもう準備してそうなもんだけど、君たちはいつも指示待ちだね。それとも、俺って何か言い出しにくい雰囲気つくってるかな？

今回はもう、考えろとか言いません。指示を出してさしあげますので、どうか広報してもらえないでしょうか。

以下、企画書です。

移住者獲得広報企画

「住み続けられるまちづくりを。楽市楽座と美濃の取り組み」

●背景：織田家が美濃を制圧するため戦乱を起こした結果、それを避けるために民衆が移住してしまい、人口減が発生。地方税の税源確保のためにも移住の促進は急務。経済特区「楽市楽座」の設置により地域経済を活性化できれば、より多くの取引が生まれることで関係人口も増え、税収アップが期待できる。

●広報的課題：戦国大名の統治する町は搾取がひどいイメージがあり、住みたい町ランキングでも毎年下位に低迷している。イメージを刷新する思い切った策と、その策が拡散しやすい工夫が必要。

・キーメッセージ（1）：楽市楽座で暮らしやすい国、美濃の国。
・キーメッセージ（2）：楽市楽座を始めたのは、みんな大好き信長公。

●配信方式：制札によるプレスリリース。

●内容骨子：楽市楽座に本店登記する企業には、往来の自由と免税の特典あり。今後この地域でこの制度が維持されることを行政として保証する。楽市楽座でのビジネスを奨励する。争いごとがあった場合は、行政が介入し解決に当たる。

●展開方法：まずはスモールスタートで、美濃加納で「楽市楽座」の名称をローンチ。その後名称がバズったところで、「安土」などにスケールさせる。このタイミングで主要メディアにトップインタビューを提案。「織田信長=楽市楽座」というイメージ定着を狙う。

-1-

●ターゲット媒体：戦国テレビ尾張『ニッポンの夜明け』、戦国ビジネス出版『週刊戦国ビジネス』他経済誌
（理由）楽市楽座でビジネスを行いたいと考える経営層へのリーチが強く、企業誘致のための認知度向上が図れるため。

●露出イメージ：戦による人口減の社会課題が深刻化している。この解決に向け、成長著しい織田家が打ち出した新ソリューション「楽市楽座」とは？トップが語るリベラルな風土が領地経営で重要なワケとは？

以上

-2-

「言葉」をつくることは歴史をつくること

実は、楽市のアイデアは信長のオリジナルではありません。信長が始める前に六角定頼などが楽市を開催していました。ただ、「楽市楽座」という語呂がいい名称の初出は、1568年とされる信長による美濃加納の楽市場の高札（立て札）です。ちなみに1997年にサービスを開始したEC（電子商取引）サイト「楽天市場」も、その由来は楽市楽座から来ているとのことなので、信長の作ったキーワードは約430年後の我々にまで影響を及ぼしているといえます。

何かイノベーションが社会に広く浸透する時、それに伴って新しい言葉も生まれます。本書のテーマ的に言うと、広く浸透させるためのストーリーを発信した人が、その過程で新しいキーワードを広めたことになり、この人が事実上そのイノベーションの開拓者として後世に名を残すことになるのです。

この法則は現代にも当てはまります。例えば、iPhoneの画面を操作する動きを「フリックする」「スワイプする」などと呼びますが、あれはアップルが考案し、日本での呼び方もアップルが主導して決まったものです。日本でスマートフォンのトップ企業というと、迷うことなくアップルを想起する方が多いと思います。こうした新しい日本語をつくってきた歴史を見ても、アップルが単に売り上げが多いだけの企業ではなく、スマートフォンという新しいカテゴリーのリーダーであることをうかがい知ることができます。

楽市楽座のローンチ後の評判は上々で、その言葉の響きの良さからか、ビジネスに適した環境を求め美濃国には続々と商人が集まり発展していきます。信長の広報企画は大成功だったと言えるでしょう。

信長といえば「第六天魔王」と自称したり、比叡山を焼き討ちしたり、ちょっと、というよりだいぶ怖そうなイメージです。本書の中でも、パワハラ全開で迫ってくる、とがったキャラ設定にしています。しかし、楽市楽座の話を聞くと「案外、庶民思いなんだ」「ひょっとして、まともな人だったのでは?」と思えてしまいます。

ちょっと辻つまが合わない印象ですが、別に信長は人気取りやブランドイメージのために楽市楽座をやったわけではありません。信長の真の目的は、楽市楽座によって経済基盤を強化し、他国との勢力争いに勝ち残ることで、たまたまそれが民にとってうれしい政策だったに過ぎないのです。

この後、信長は天下布武を目指して、いよいよとがりまくっていきます。

08

北条氏を倒した秀吉の一夜城のPR

ストーリーには余白が必要

ここまで特に断り書きなく、「ストーリー＝文字と言葉による物語づくり」という前提で説明してきました。確かに言葉は大切ですが、それが唯一のストーリーテリングのやり方というわけではありません。特に現代においては、動画や写真は時に言葉よりも雄弁に語りかけるものです。SNSによるコミュニケーションが一般化した今日、クオリティーの高い動画や写真コンテンツが、ストーリーの担い手となることはごく自然なことです。

広報といえども、今や動画編集や写真加工など、多様な表現スキルが求められている時代なのです。

■ 膠着状態になってしまった秀吉の小田原攻め

1590年、すでに全国をほぼ手中に収めていた豊臣秀吉は、天下統一の総仕上げとして、小田原に拠点を構える北条氏と対峙していました。秀吉の率いる軍には徳川家康、毛利輝元、前田利家、羽柴秀次などの「戦国スター軍団」とでもいえる武将が名を連ねています。スター軍団に押され、北条は戦線を徐々に縮小。ついに北条側の本拠地である小田原城を包囲されてしまいます。

しかし、完全に小田原城を包囲されてしまっても、北条はなおも降伏しません。いえ、できないのです。連日行われる会議で議論が平行線をたどってしまい、結論が出ないのです。このグダグダな会議が、かの有名な「小田原評定」です。

一方の豊臣秀吉という人は、「三木の干《ひ》殺《ごろ》し」「鳥取城の渇え殺し」、そして「高松城の水攻め」といわれるように、実際の戦闘を行わず、武力を背景に講和や降伏という手段を用いて、実質的な勝利を収めるのが得意だったようです。

無駄な戦闘を避けるということは、戦いによる戦力、兵糧といったリソースの消耗を回避できますから、さすがは秀吉です。とにかく、相手をぶっ潰すことに生きがいを感じる〝脳筋武将〟たちとは一線を画する、スマートな武将だったのでしょう。

しかし、小田原攻めにおいては、図らずも相手がグダグダなので、どれだけ武力で圧力をかけても、膠着状態が終わりそうにありません。ここは相手がハッと目を覚ますようなサプライズが必要です。

折しも、小田原攻略のために造っていた城が完成するとの知らせが入ってきたようです。もし秀吉に広報がいたら、この新築の城を使って、こんな一計を案じたのではないでしょうか。

豊臣秀吉

お疲れサマー(^_^)　今築城担当くんとチャットしてたんだけど、もう石垣山城が完成しちゃったんだよ。あいつら仕事早い(汗)、ま、俺ほどじゃないけどね～www。ナンチャッテ。そこでお願いなんだけど、これをマスコミ集めてバーンとお披露目してもらいたいんだよね。広報チャンなら間違いないと思うんだよね

広報

城ができました、だけですと少しニュースとして弱いような……。

豊臣秀吉

そうそう。今どき城ができました、だけでニュースにならないのは分かってるけどさ、そこは敏腕広報チャンがうまくやってくれよ。何もプレスリリースだけが広報じゃないでしょ？　ドローン飛ばして動画撮影してマスコミに配れば、結構映像ニュースで使ってくれるんじゃない？　戦すること考えたらドローンの費用なんて安いもんだよ。

広報

了解しました。後は80日と工期が短かった点なんかをうまくストーリーにできるかもです。ちょっと企画書にまとめてみます。

豊臣秀吉

いいね。さすが広報チャン、一夜城とかね。やり方は任せるよ、いつもありがとね～

■ニュース性のないものを広報する「むちゃ振りあるある」

豊臣秀吉のおじさん構文キャラはとりあえず置いておくとして、秀吉も「人たらし」の優しげな言葉の割には、結構なむちゃ振りをしてきています。柔らかい物腰の人は、得てしてむちゃ振りをしてきますから、そこはだまされてはいけません。そしてその中身は、大したニュースバリューのないものでマスコミを集めて記事にしてもらいなさい、という、広報としては定番中の定番のむちゃ振りです。

こうしたとき、広報がまず行うべきは、自分たちの発表内容の掘り起こしです。ありふれた発表と思っていたもののどこかに、メディアから見て面白いと思える意外な点が隠れていたりするのです。広報でない方でも、取引先から切られそうな営業にせよ、転職の面接にせよ、「起死回生のストーリー」を作るという差し迫った事情があれば、この「自分の掘り起こし」はやってみる価値のある作業なので、ぜひ参考にしてみてください。

秀吉の「広報チャン」も、以下のように何とか企画をまとめたようです。

広報企画

「秀吉の一夜城、小田原に出現」

●キーメッセージ：敵対する北条氏の面前に突如堅牢《けんろう》な「一夜城」が出現した。形勢不利の北条氏いよいよ窮地に。

※実際には80日ほどの短工期での築城ですが、比喩的に「一夜城」という名称を用います。一夜城がキーワード化することでメディアのヘッドラインを獲得しやすく、またSNSなどでの二次拡散の際にもバズワード化しやすい。ただし、景品表示法の優良誤認の指摘を受ける可能性があり法務見解待ち。

●実施案：6月26日、石垣山城の完成披露動画をマスコミに配信。ご指示いただいた通りドローンによる迫力ある城の様子を動画に収め、荘厳さ、堅牢さを印象づけた映像に仕上げます。なお、実際の石垣城はセキュリティー上の理由として取材NGとします。

これにより、一夜城のイメージは公式動画の映像とセットで拡散することとなり、豊臣軍の圧倒的な実力を映像で表現します。その結果、北条氏は戦意を喪失すると思われます。

※動画は公式SNSでも投稿し、SNSからの拡散も同時に狙います。

さて、秀吉の一夜城こと石垣山城（ちなみに「石垣山」という名称は、この城が由来になっているので、築城以前に石垣山と呼ぶのは不正確なのですが、便宜上ここでは石垣山としています）は、1590年の4月から工事に取りかかり、6月下旬には本陣を移していますので、工期としては60〜80日くらいはかかっていたようです。

これは当時の土木技術からするとかなりの短工期で、ここからも秀吉のプロジェクト管理能力の高さがうかがえます。ただ、「秀吉の80日城」では『日経コンストラクション』のような専門メディアならまだしも、一般の人にとってはちょっと分かりにくいネタです。ましてやこの時代、築城という行為はかなりコモディティー化していたと思われますので、「城ができました！」というだけではニュースにならないというわけです。

では改めて問いますが、ニュースとは何でしょうか。色々な説明の仕方はあると思いますが、筆者が思うにニュースとは、

「まさかと思うが信じるしかないこと」

ではないかと思います。この場合は、まさかとは思うが秀吉が北条氏の目の前に一晩で城を造った、ということです。これはマスコミにとってはいいニュースのトリガーになります。ただ、80日では「まさか

と思う」ほどのインパクトはないので、あえて形容詞的になるのを承知で「一夜城」というキャッチーなネーミングにしたというわけです。

「聚楽第」を造った派手好きの秀吉のことですから、サプライズが大好きだったことは想像に難くありません。その性格と「一夜城」はドンピシャの企画だったでしょう。

ただ、企画書内にもありますように、一夜で建ててもいないものを「一夜城」と呼ぶのは、問題になる可能性があります。少なくとも現代では「景品表示法」という法律に定める「優良誤認」に抵触しないかなど、法務の見解を求める必要はあるでしょう。

ちなみに景品表示法とは、あくまで消費者の保護を目的とする法律のため、「城」という一般消費者が購入することなどまずないであろうものの工期が仮に誤認されたとしても、不利益を被るものではない、として許容される可能性もあります。

いずれにしても、広報で勝手に、いいように判断しないことがあとあとの大きなトラブルを回避するために大切です。

■ あえて少ない情報ソースでニュースをストーリーとして自走させる

ここまでの工夫で、何とかニュースにはしてもらえそうな手応えが出てきました。しかし、先にも書いた通り毎日多くのニュースに触れる我々は、少し時間が経過すると過去のニュースの印象が薄れてしまい、やがては思い出さなくなってしまうものです。

この本で一貫してお伝えしたいことの一つが、「ニュースよりもストーリー」ということです。ストーリーは消えてなくならないものです。そればかりか、自己増殖することすらあるのです。この「秀吉の一夜城」の物語が400年以上たった現代に伝え残っているのは、その好例といえるでしょう。

どうして、いまだに一夜城が我々を引き付けてやまないのか。それは「誰も一夜で造られるところを見ていないので信じられないが、確かにそこに存在しているから」ではないかと思います。

広報というと、とにかくマスコミの求めるものは何でも情報開示し、可能な限り透明性を示すことが基本です。しかし、時に自分たちの側で情報の出し方を工夫することで、ニュースに余白を作ることもあります。

例えば、2019年格闘ゲーム『鉄拳』の世界大会に突然参戦したパキスタン人の青年が、いきなり優勝してしまった、という〝事件〟がありました。しかも、優勝コメントが「パキスタンにはまだだうまい選手がたくさんいる」というものでした。

これはまさに、「まさかと思うが（そのような強い選手がいることを）信じるしかない」という、ニュースが誕生するパターンです。さらに、なぜ彼は強いのか、なぜパキスタンなのか、もっと強い選手がいるというパキスタンはゲームの修羅の国なのか……。あまりに情報が欠落しているため、その「まさか」の余白を埋めるべくSNS上はいろいろな臆測で大変な騒ぎとなり、やがてそのニュースはゲーム好きの間で語り継がれる「ストーリー」となっていきました。

ここで改めて一夜城の企画書を見てみましょう。マスコミに提供される情報は「一夜城」という名称と、公式のドローン映像のみです。これだけでも辛うじてニュースになる可能性はありますが、まだ「語り継がれるストーリー」となる気配は感じられません。そのためSNSでの展開も企画には含まれています。SNSで火が付けば、パキスタン人のゲーマーのケースと同じように、余白を埋めるべくメディアが動き出すでしょう。そうなれば、もうストーリーは自走し始めるのです。

この手法は、いわば「あえて余白を作る」ことで、「まさかと思う」受け手の側にそのまさかを埋めるためのストーリーを描かせるやり方です。突き詰めると、提供素材は動画でなく写真1枚でいいかもしれません。それも白黒写真で十分かもしれません。要は必要のない要素を削って削って、本当に必要なメッセージだけを映像や画像で残しておけば、それが最高のストーリーの素材になるのです。

「ストーリーテリング」のためのスキルといいますと、何やらイカした文章を書くことだと思いがちですが、優れた映像編集能力もまた、ストーリー作成能力です。誰に見せたい動画なのか、どういう印象を相手に与えたいのか、そこまで考え抜いて作られた動画や写真は、雄弁なストーリーテラーとなります。

こうして切り詰めた情報のみを与えられた北条家は、一夜城の実体を近くで見ることはできませんでした。ただ目にするのは、「信じられないけど本当に存在する城の映像」です。

頭の中につくられた、えたいの知れない敵の拠点は、さぞかし不気味に思えたでしょう。もちろん実際にはドローン映像などありませんでしたが、一夜城の登場はかなり北条家にダメージを与えたようでした。秀吉はここでグダグダの小田原評定を終わらせ、ついに天下統一の総仕上げをすることになります。

09 尊皇の志士を量産した松下村塾

最高のストーリーテラーの条件

本書の「はじめに」で、ストーリーとは「世の中を変える、他人の行動を変えるという意図を持って語られる物語」と定義しました。ちょっと遠回りをし過ぎましたが、いよいよ本物の「世の中を変えるために他人に影響を与えたストーリー」に迫ってみたいと思います。それは吉田松陰とその弟子たちです。

吉田松陰は現在の山口県に当たる長州藩の学者で、「松下村塾」で教壇に立った人物として知られています。その弟子には、高杉晋作、久坂玄瑞、伊藤博文、山縣《やまがた》有朋、前原一誠、品川弥二郎などがいました。まさに幕末から明治初期の日本史のスター軍団です。

これらの人物たちがやがて取りつかれたように攘《じょう》夷《い》、討幕、そして明治政府の樹立、富国強兵と、すさまじい疾走感とともに政権を転覆させ、国家の仕組みを一から作り上げて、日本を近代国家へと生まれ変わらせます。このことは、本書の後半で何回か出てきます。

最高のストーリーテラーの条件とは

ここまで本書を読んでいただいた賢明なる読者のみなさんであればもうお分かりかと思いますが、松陰は松下村塾で何らかの「ストーリー」を弟子たちに語っていたのです。

しかし、吉田松陰は歴史の教科書にもある通り「安政の大獄」で捕縛されてしまい、わずか1年程度しか松下村塾の教壇に立っていませんでした。そのわずかな期間で、どういうストーリーを伝えれば、目的のためには外国の公使館に火を付けたり、通りすがりの外国船に大砲をぶちかましたりしても構わないと判断する、リミッターの外れた大人を大量に生み出せたのでしょうか。

先に結論を言ってしまうと、これは筆者の独自見解ですが、吉田松陰自身が優れた教育者であり、同時に大胆な行動力を持つ活動家でもあった、ということではないかと思います。これがストーリーテラーとして、松陰を傑出した存在にした理由です。

このままこの項目を終わらせてもいいのですが、もう少し分かりやすくお伝えするためには、この松下村塾の塾生たちと松陰の行動を、かみ砕く必要がありそうです。

松陰のひたすら破天荒な行動は例を挙げ出すと、それだけで本が書けるほどです。有名なものとしては、ペリー率いる黒船がやって来た時のエピソードがあります。幕府ですら、その脅威に対処を決めかねていた国家存亡の危機のさなか、松陰は単に外国へ行ってみたかったというだけの理由で、無断で黒船に乗り込み「ちょっと忙しいところ悪いけど、帰り道ついでにアメリカまで乗っけてってくれる?」と依頼します。

黒船のアメリカ人たちも、いきなり白タクのような扱いをされてさぞかしざわついたことでしょう。そして松陰は当然投獄されてしまいます。

また、日米修好通商条約を勝手に締結した幕府に腹を立て、何の兵力も持たない学者の身でありながら、幕府老中の襲撃計画を考えます。考えただけでなく、長州藩に堂々と武器のレンタルを依頼しに行くのですが、その頃はまだ穏やかな地方自治体だった長州藩としては、今でいう総理大臣暗殺計画を打ち明けられたわけで、当然これを拒否。松陰はまたしても捕縛されます。

このように必要と思ったら、ためらうことなく行動に出て、そのたびに牢獄《ろうごく》に入れられた松陰は、塾で教えるのがうまかったうんぬん以前に国家レベルでマークすべき第一級の危険人物だったのです。松陰の恐ろしい点は、「逮捕されると思っていなかった」というわけではなく、自分がやろうとしていることがどれだけ非常識であり、なおかつ成功率が低いかを完全に理解した上で行動に出ていたことです。そのことを物語るのが、こちらの和歌です。

かくすれば、かくなるものと、知りながら、やむにやまれぬ大和魂
(こんなことしたら、そりゃあ捕まるっていうことくらい分かっているけど、やらずにはいられない、それが大和魂ってものですよ)

こんな松陰ですから、何か事を成就する前に必ずトラブルを起こして投獄されてしまい、いわゆる「結果」を残すことができません。もしも吉田松陰がみなさんの部下になって、明日から一人で営業に行くことになったら、上司としてさぞかし不安を覚えることでしょう。

ただこの投獄後の国許蟄居《ちっきょ》という措置から、やることもないので松下村塾で講義でもやるか、ということにつながります。活動家としては結果を出せなかった松陰ですが、ここから教育者として圧倒的なパフォーマンスを発揮します。

「至誠にして動かざるものは、いまだこれあらざるなり」
「夢なき者に理想なし、理想なき者に計画なし、計画なき者に実行なし、実行なき者に成功なし。故に夢なき者に成功なし」
「志を立てて以て万事の源と為す」
「Stay Hungry, Stay Foolish」

これは松陰が書簡などに残した名言の一部です。必ずしも、松下村塾の講義でこれと同じことを言っていたわけではありませんが、その講義内容を想像するに十分な、激アツメッセージですね。そして、これらの熱いエネルギーはぶれることなく、「尊皇攘夷」という大義にベクトルが向かっていたのです。

ストーリーテリングが単なる情報共有と異なる点は、繰り返しになりますが、相手に何らかの行動を促すという点です。そのためには、こうしたパンチの効いたフレーズをどこかで放り込む必要があるのですが、吉田松陰はその点で天才的だったといえるでしょう。

しかし、吉田松陰が単なるコピーライターと違うのは、吉田松陰の場合、こうした激アツ発言が自分の行動によって裏付けられているという点です。

■行動と実践が人を動かす

平凡なサラリーマン生活を送っている現代の我々が、心の中では「早く帰って今晩はNetflixドラマの続き見なくちゃ」と思いながら、

「夢なき者に成功なし」

なんて取って付けたように言っても、部下にやる気を出させることはできないでしょう。行動で示すって大事なんです。

また、松下村塾の教育方針というのは、今でいうアクティブラーニングといわれるものに近かったと思われます。座学で先生が一方的に講義をするだけではなく、ディベート方式を重視し、互いに意見をぶつけ合うことで学びを深める、なかなか進んだ教育方式だったようです。

人間には「ミラーリング効果」といわれる心理があります。相対する人間同士は、似てくるというものです。特にディベートのように異なる考え方を常にぶつけ合えば、自然と相互に影響を受けることになるでしょう。松下村塾のケースも互いの意見をぶつけ合ったわけですが、その中心にいる人物が単なる学者ではなく、思い付いたら黒船でヒッチハイクを試みるような〝とがりまくった人物〟だったため、そのような気質までミラーリングされたものと想像できます。

整理すると、吉田松陰が偉人を輩出したストーリーは、以下のような成分から成り立っていたと考えられます。

・尊皇攘夷というクリアなミッション
・実践者であり、教育者でもある
・行動を促す熱いメッセージ
・ディベートによるミラーリング効果

こうして松下村塾は「量産型松陰」とでもいうべき維新の志士を大量生産する、最高の条件を備えることになったというわけです。

と、話はここでおしまいなのですが、読者の方は、「Stay Hungry, Stay Foolish」は吉田松陰の発言じゃないだろ、ということがずっと引っかかっているのではないかと思います。その通りで、これはアップルの創業者スティーブ・ジョブズ氏の名言ですね。なぜここでジョブズ氏の名言を持ってきたかといいますと、松陰もほぼ同じ意味の言葉を発しています。

「諸君、狂いたまえ」

短いフレーズですが、松陰の生きざまと教え子へのメッセージが、ここに凝縮されているように思えます。なお「諸君、狂いたまえ」は有名なセリフですが、正確にはそうは言っておらず、「狂愚豈狂愚（狂愚あに狂愚ならんや）」という、松陰が書き残した漢詩を読み下したドラマのセリフのようです。しかし、趣旨としては全くもって「狂いたまえ」と同じことですね。

吉田松陰とスティーブ・ジョブズ氏の共通点を挙げるとすると、どちらも並々ならぬ情熱と実践で、その志を果たす姿を後進に見せてきたということがあります。アップルという自分が起業した会社を一回放逐されながらも、復活し、様々なイノベーションを起こしてきたジョブズ氏の生き様はあまりにも有名ですね。

そして、この「Stay Hungry, Stay Foolish」「諸君、狂いたまえ」は、どちらも自身の生きざまというストーリーの続きの主人公は、聞き手であるあなた自身ですよ、というメッセージです。

吉田松陰やジョブズ氏がどこまでこれを計算していたかは分かりませんが、このストーリーの引き渡し方は、引き渡された側に並々ならぬ使命を感じさせます。その結果、松下村塾の塾生たちに引き継がれたストーリーは、時代のエネルギーを取り込み、やがて大きなうねりとなって幕府を倒し、明治維新を成功させるのです。

10 長州藩を救った高杉晋作の奇行

ストーリーは自分たちの道標

いきなりですが、みなさんは通りすがりの船に大砲をぶっ放したことはありますか？

1863年、一つの事件が起こりました。長州藩が関門海峡を通りすがっただけの外国船に、いきなり大砲をぶっ放したのです。後に「下関戦争」と呼ばれるこの文字通りの炎上事件は、あるストーリーに取りつかれた集団が起こした事件でした。それは「尊皇攘夷」です。

■ 尊皇攘夷に取りつかれ、人に向けて大砲を放つ！

幕府を倒し、外国人を追い払って、住みやすい国を造ろう！というのが尊皇攘夷です。たった四文字のこの言葉はとてつもないエネルギーとなり、国家の政治と外交のありようを根底から変え、明治という新しい時代の幕開けにつながります。しかしその前に、尊皇攘夷というストーリーにかき立てられた長州の人々は、この「下関戦争」という試練を乗り越えなければなりませんでした。大砲を人に向けて撃つという、そもそも人として大丈夫か？というこの事件のあらましは、以下の通りです。

前項で紹介した松下村塾が置かれていた長州は、攘夷派の代表のような先鋭的な藩論を掲げていました。そして朝廷と結び付いて、幕府に対し攘夷の実行を迫ります。

現代の我々のイメージとして、江戸幕府というのは絶対権力のように思えるのですが、何だかんだ言っても、朝廷から役職をもらっている使用人の立場であることに変わりはありません。特にこの時代の弱体化した幕府は、朝廷には逆らえなかったのですね。結局、幕府は「はいはい、攘夷ですね、わかりました、やりますやります」のような、適当な返事をしてその場をやりすごします。みなさんも日曜のくつろいでいる時間に、ベランダのペンキ塗りのようなおっくうな仕事を「やれ！」と言われたことがあると思いますが（ないですか?）、幕府の返事はその時のみなさんのそれと同じニュアンスのものでした。

これでは収まりがつかないのは過激集団・長州です。もう攘夷がやりたくてやりたくてしょうがなく、勅命も出されているのにグズグズしている幕府なんか待っていられません。ふと見ると、沖合に頃合いの外国船が航行しているではありませんか。……こうして冒頭に紹介した、通りすがりの船に大砲を打ち込むという事件に発展しました。しかし、鎖国によって海外から工業や科学技術で大きく後れを取っていた当時の日本は、砲撃されたアメリカ、フランス、オランダ、イギリスの四国艦隊の反撃に遭い、気が付くと敗戦の賠償交渉のテーブルに着いていたのです。

絶体絶命の長州ですが、ここで長州藩を代表して交渉に当たったのが、かの高杉晋作だったというわけです。ちなみに、この時通訳で晋作の横に付いていた若者は、後の初代総理大臣、伊藤博文でした。交渉の席の2人の会話をのぞいてみましょう。

伊藤博文

高杉さん、まずいです。向こうは関門海峡通航の自由、石炭、水などの提供、悪天候時の船員の上陸の許可、下関砲台の撤去、賠償金300万ドルを要求しています。

高杉晋作

そんな金はない。払わん。通訳して。

伊藤博文

そんな理屈通りませんよ。明らかに長州のやったことは国際法違反です。

高杉晋作

そもそも、長州藩って日本の代表でもなんでもないし、なんならこの攘夷も言われてやっただけだし。

伊藤博文

いやおかしいですよ。攘夷焚《た》きつけたのってウチらですから。

高杉晋作

朝廷から勅命出てるのに、幕府がやらなかったから代わりにやってあげただけだから。交渉したいなら幕府とやって、って言えよ。

伊藤博文

言いましたけど、なんか逆ギレされた人特有の表情をしてますよ。それどころか、彦島の租借権を認めろと言っています。

高杉晋作

アメツチハジメノトキ、タカマノハラニナレルカミノナハ、アメノミナカヌシノカミ。コノカミハ……。

伊藤博文

え？　古事記？？　何で、今ここで？　私もうこの人無理かも……。

まあ、実際にはこんな会話をしたわけではないと思いますが、おおよそこのようなやり取りがあったようです。最後の『古事記』のくだりがめちゃくちゃ気になると思いますが、その前に、ちょっと交渉の経緯を説明します。

ちなみに晋作は松下村塾で〝ミスター破天荒〟こと吉田松陰の薫陶を受けていましたので、当然のように英国公使館を焼き討ちするような危険人物でした。また、奇兵隊という武家社会のルール無視の組織をつくるなど、とにかく型にはまらない人物でした。

しかし、単なるイカれ野郎だったわけではなく、上海に留学するなどしかるべき教養と国際感覚を身に付けていましたので、その経験を見込まれ、四国艦隊との交渉役に抜てきされていました。そして晋作は、アヘン戦争での中国の状況を見ていましたから、租借権を与えることが植民地化につながりかねない、という危機感を持っていたと思われます。

■『古事記』は尊皇攘夷派にとってのよって立つべきストーリー

こうして臨んだ交渉ですが、なにせいきなり知らない人に大砲を打ち込んだ長州は、さすがに分が悪かったようで、水や石炭の提供など、色々な条件をのまされます。しかし、彦島という島の租借権の話になった途端、頑としてこれを拒否します。そして、やおら『古事記』の暗唱を始めたのです。

突然バグってしまった交渉相手が怖くなり、四国艦隊は彦島の件を諦めてしまいます。

一般的には、ここで古事記の暗唱という奇行に走ったのはある種のゲリラ戦法で、相手をウンザリさせるためにバグったふりをして古事記を唱え続けた、という解釈をしているようです。

しかし、筆者はそうは思いません。そもそも、高杉晋作にとって古事記とは何だったのでしょうか。古事記は尊皇攘夷思想の源流とも言える、国学において重視されていた書物です。日本国の成り立ちや朝廷の成り立ちのありようを示した、いわば自分たちは何者であるかを確認するために、よって立つべきストーリーでした。

通常、相手と何らかの交渉ごとを行う際、自分たちの利を考え、相手のロジックを読み、時に譲歩し、どうにかして落としどころを見つけるものでしょう。ましてや武力で決定的な敗北を喫した相手ですから、相手の言いなりになっても仕方のないところです。

しかし、高杉晋作が非凡だったのは、国際的な常識に立って自分たちの非も認め、相手の主張も聞き入れていたものの、尊皇攘夷思想という自分たち自身をぶれさせることがなかった点です。

本書でここまでストーリーテリングとは、対面する相手への語りかけであったり、メディアを通じた情報発信であったりと、とにかく「他人」に向けて語られるものであると言ってきました。しかし、実はストーリーテリングとは「自分はどうすべきなのか」ということを、自分自身に再認識させるという効果も持っています。

例えば、筆者が広報として自身の勤務する会社の創業の話を記者に説明する際、半分は自分自身に向かってしゃべっている感覚になるときがあります。そうか、そういう精神でスタートした会社だったな、そういえば……というようにです。

ストーリーテリングとは、文章で読んでもらってもいいのですが、言挙《ことあ》げして話すことによって、言霊《ことだま》が働くといいましょうか、何か魂が宿るような気分になります。そして、自分はこの精神を継承しなければならない、と思いを新たにするのです。

長州藩も思うところあって外国船に大砲をぶっ放したわけで、ここで高杉晋作が「ああ、どうもすみませんでした、悪うございました」と折れては、何のためにやったのか意味がなくなってしまいます。

そこで、ぶれそうな自分に向かって、古事記という日本の始まりのストーリーを語り始めたのかもしれません。

企業が何かの危機に直面したとき、あるいは大きな変革を起こそうとするとき、そもそも自分たちが立ち返るべき場所を、ストーリーとして社員たちに語れているでしょうか。何をすれば組織が正しい状態に戻るのか考える上でも、古事記のような力強いストーリーが組織には必要なのです。

そして、そのストーリーを語れる人のことを「リーダー」というのだと思います。

高杉晋作の古事記の暗唱から色々考えてしまいました。いや、単なる奇行だったという気もしますが……。

11

坂本龍馬はトリオ漫才のようにうろたえた

西郷隆盛と桂小五郎の板挟み

本書でここまでに登場した歴史上の人物の多くは、大名であったり、藩の役人であったりと、一定の社会的地位にある人でした。しかしストーリーテリングの真骨頂は、力も地位もない個人が、強い思いでストーリーを語ることで周囲の力を結集し、大きな事を起こすことにあると思います。

その代表と言えば、幕末の志士で現代でも人気のある坂本龍馬ではないでしょうか。龍馬がやったことを一言で言えば、実は「バラバラの意見をまとめた」ということに過ぎません。しかし、そのことによって歴史は大きく動き始めたのです。そして、その意見をまとめる原動力が、強いメッセージ性を持ったストーリーだったのです。

一つお断りしておきますと、他の歴史の人気者と同じく、龍馬についても異説諸説、後世の創作などあるようですが、ここでは一般に広く流布している龍馬のイメージに基づいてお話ししますのでご了解ください。

■犬猿の仲の薩摩と長州に、一介のフリーランス坂本龍馬が絡みにいく

龍馬は1862年、まだ大政奉還まで5年もあるこの時期、勢い余って地元の土佐藩を脱藩してしまいます。当時脱藩とは、いわば主君の元を勝手に離れる行為ですから、即刻出禁を食らいます。龍馬は非円満退社したフリーランスだったわけです。

にもかかわらず、龍馬は何か目に見えない運命を背負っていたのか、一介の〝就職浪人〟でありながら、高杉晋作や松平春嶽、勝海舟といった当時の政治や軍事のキーマンたちとのネットワークを広げていきます。このフリーな立ち位置と広いネットワークで、討幕の決定打となる薩摩と長州の間を取り持つことになるのです。藩と藩と個人、どう考えてもレイヤーがおかしいのですが、ちょっと先を急ぎましょう。

当時の状況を簡単に説明しますと、長州は幕府から「朝敵」という死亡フラグを立てられていて、幕府軍による制圧を受けるのは時間の問題でした。しかし、武器を買うすべを封じられ、どうにも反撃ができません。一方の薩摩は、自由に貿易ができる立場にあったため、薩摩が長州に協力して武器を供与すれば、幕府を倒せる勢力になり得るのでした。

ところが、事は簡単ではありません。何しろ薩摩と長州の仲はこじれにこじれています。「禁門の変」という京都市街で行われた白兵戦で、長州は薩摩にこっぴどく痛めつけられ、御所に向けて発砲したことから朝敵認定までされてしまいます。いわば、今の長州の危機をつくった元凶が薩摩なのです。

薩摩からすると、そもそも尊皇攘夷に入れ込んで勝手に暴走したのは長州ですし、その長州の藩論をリー

ドしていたのは、かの松下村塾のＯＢたちです。そんな危険思想家たちの巣窟と下手に絡んでも、「もらい事故」を起こしそうで気の進まない話だったのです。

そこへ登場したのが坂本龍馬です。薩摩でもなく長州でもない、第三者の個人に過ぎないくせに、この２つの雄藩に積極的に絡みにいき、有力者を動かそうとします。ここですごいなと思うのは、２つの雄藩を、自分のストーリーテリングの力でどうにかできると思えたことです。

ストーリーテリングは人を酔わせる力を持っています。そのためには、実は自分自身もそのストーリーに酔う必要があります。その意味では、龍馬は勝海舟をはじめ数々の開明的な思想に触れ、黒船の実物も目撃していたので、自分の描く討幕のストーリーに頭がクラクラするほど酔っていたはずです。

その討幕という熱病の勢いで語ったストーリーが、薩摩と長州という両藩を動かし、龍馬たちは何とか下関で桂小五郎と西郷隆盛が会談するところまでこぎ着けることができました。

■西郷隆盛のドタキャンでトリオ漫才のようだった坂本龍馬

西郷隆盛を迎えに行った仲間の中岡慎太郎が、船で下関にやって来ます。しかし、その船から降りたメンバーに西郷はいませんでした。あろうことか、ドタキャンを食らってしまったのです。

元々「禁門の変」で一戦交えていた両藩。特に長州陣営は、薩摩に対する拒否感がまだまだ強く残っています。そんななか、ようやくこぎ着けた会談ですから、ここで桂小五郎の機嫌を損ねるわけにはいきません。

坂本龍馬：中岡さん、長旅お疲れっした！

中岡慎太郎：……は、はい。……

坂本龍馬：あれ？　元気ないね。ところで西郷さんどこかな？

中岡慎太郎：(小声で)いない。

坂本龍馬：は？

中岡慎太郎：いない！　大阪に行った！

坂本龍馬：え、え、どういうこと？

桂小五郎：ん～どうかしたのかな～。何かトラブルかな？

坂本龍馬：いえいえ、大丈夫です～。何でもありませ～ん。
(中岡のほうを向いて小声で)
おい！　どうすんだよ！　桂さん怒っちゃうだろ！

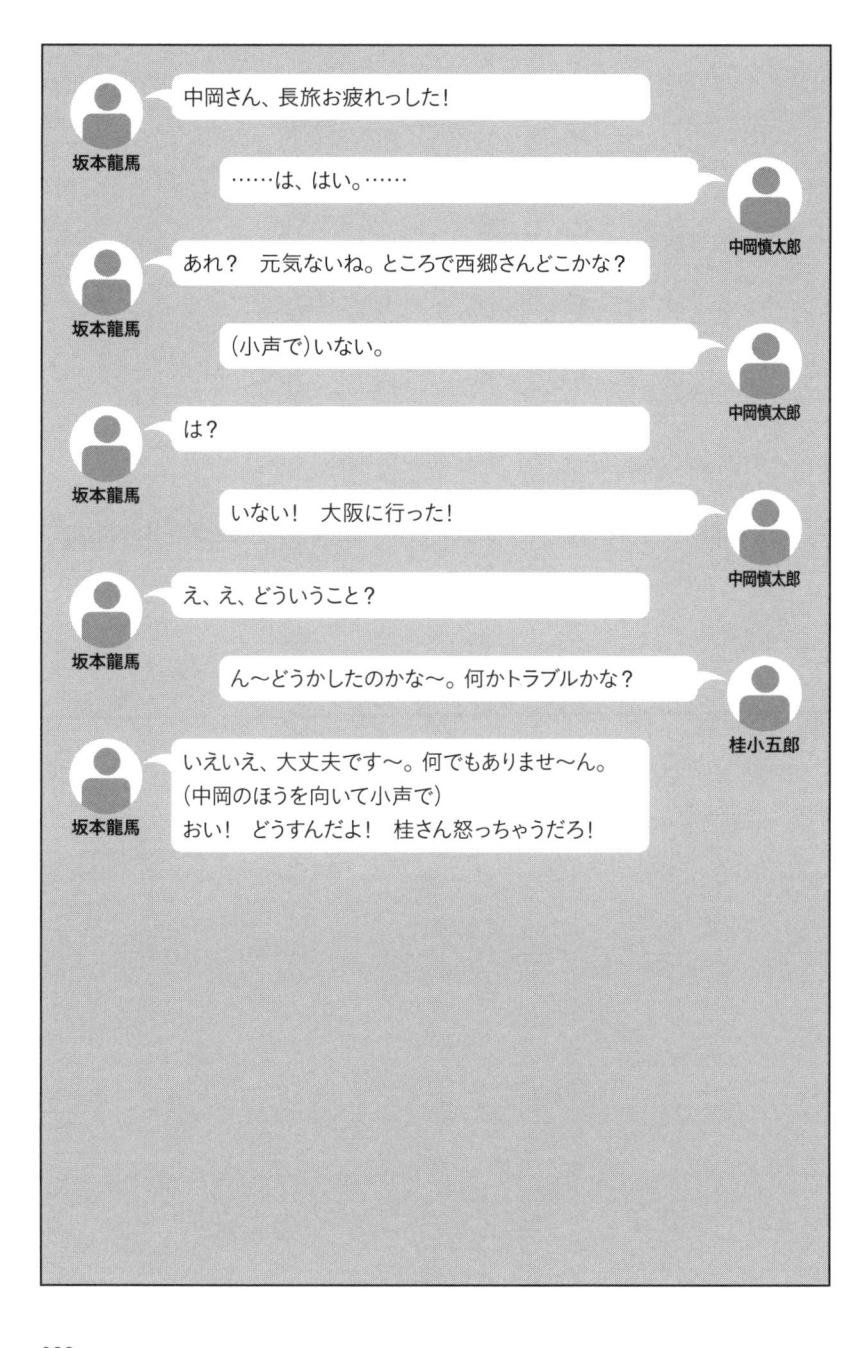

まるでトリオ漫才のようですが、この後、桂小五郎が大激怒したのは想像に難くないでしょう。もし、タイムトラベルして幕末の歴史に立ち会えるとしても、この場にだけは絶対にいたくないですね。

さすがに一個人が対立する雄藩同士に手を結ばせる、というのは身の丈に合わない大仕事です。やはり龍馬は「まだ本気出してないだけ」の夢見るフリーターだったのでしょうか。

■「ストーリーテリング力」が輝いた時代

驚くべきことに坂本龍馬は、この状況を何とか収めてしまいます。一体どんなトークをしたのか定かではありませんが、ドタキャンされた長州の怒りはどうにか収まり、薩摩の協力で用意した武器は、無事長州の手に渡ります。この武器を使って長州は幕府軍を撃退し、討幕へと時代は動き始めることになります。

先ほど龍馬の功績は「バラバラの意見をまとめた」ことと書きました。みなさんの周囲にも、会議などで2つの意見が平行線をたどっているとき、「まあまあここは一つ」と言ってうまく調整できるスキルを持った人がいるのではないでしょうか。いわゆる「組織の潤滑油」と呼ばれる人ですね。

そうした潤滑油的な意見調整がすべて間違っているとは言いませんが、場合によっては対立してでも到達すべき正解があるにもかかわらず、人間関係であったり、会議の残り時間であったりという、全く異なる優先順位で物事をまとめてしまっている可能性もあります。

龍馬はその点が逆で、「日本の国のための正解がここにある」というものを示すことによって、アイツが気に食わないとか、アイツらキモいとか、そういう低レベルの対立に終止符を打ったことです。

この高みに立ったメッセージで人に同じ方向を向かせることもまた、ストーリーテリングが果たす役目の一つです。

様々な国家構想が議論されていた明治維新の時代、剣術のような格闘能力や座学の学問よりも、「ストーリーテリング力」が輝いた時代と言えるでしょう。

誤解なきようお願いしたいのは、ストーリーテリング力というのは「話がうまい」というスキルではありません。龍馬の場合であれば、理想の国家観、討幕や開国というビジョンを具体的に持っていること。それを言語化できること。困難と思えるが正解と信じるほうの選択ができること。何よりも、たとえ藩が相手でも、熱量において負けていなかったこと。こうしたことの総和が、ストーリーテリング力になったのです。

それにしても西郷さん、約束をすっぽかすのはよくないですね。

12

Jリーグ発足は廃藩置県だった？

制度改革とストーリーテリング

日本FP協会が2024年4月に発表した、小学生が「将来なりたい職業」の調査結果によると、男子は「サッカー選手・監督など」が第1位でした。これにとどまらず、サッカーはすっかり不動の人気スポーツになり、日本代表の競技レベルも上がり、今ではW杯常連国となりました。

しかし1993年のJリーグ開幕当時、この繁栄を予想できた人は一体どれだけいたでしょうか。

かつて日本の社会人サッカーは、大企業の実業団チームが主体で、あくまで企業のブランディングや社会貢献という意味合いの強いものでした。それをクラブチームが主体となり、プロを頂点とするユースからジュニアまで含めた地域密着型の階層的な組織にするなど、一気に大改革を断行したのがJリーグでした。

■ Jリーグというストーリー起点の大改革

これだけの大改革を可能にしたベースにあるのは、やはり「ストーリーテリング」でした。特に「Jリーグ百年構想」といわれるものは、その理念を分かりやすく語っています。以下Jリーグのホームページから引用します。

●Jリーグ百年構想とは

・あなたの町に、緑の芝生におおわれた広場やスポーツ施設をつくること。
・サッカーに限らず、あなたがやりたい競技を楽しめるスポーツクラブをつくること。
・「観る」「する」「参加する」。スポーツを通して世代を超えた触れ合いの輪を広げること。
（出所：Jリーグのホームページより）

特にこの「あなたの町」という部分が重要で、このストーリーに共感したファン、大企業、地域自治体などが互いに協力し合い、全国に多数のサッカーチームが誕生した結果、今日の日本サッカーの発展があるのです。

これってなんだろう……と考えると、「あ、廃藩置県じゃん」と思いました。

廃藩置県は、江戸時代の間にできた大名が支配する「藩」という地方分権制度をリセットし、中央集権化したものです。この改革のキモは、藩のオーナーである藩主（お殿様）からその土地支配の権利を剥奪する、という点です。もう、モメにモメそうな予感しかしません。明治政府は最悪の場合、反発する藩とは軍事衝突も覚悟していたようです。しかも、この時点の明治政府の軍隊など極めて小規模で、とても軍事的に全国を制圧できるような力などありませんでした。

このようにリソースで圧倒もできなければ、理屈やルールでも押し通せそうもない大改革を行うとき、「なぜこれが必要か」という大義のストーリーテリングが唯一の手段となります。実際、明治政府もJリーグと同じような廃藩置県の構想をストーリーとして語っています。ちょっと廃藩置県の勅命を読んでみましょう。

「朕惟フニ更始ノ時ニ際シ内以テ億兆ヲ保安シ外以テ萬國ト對峙セント欲セハ宜ク名實相副ヒ政令一ニ歸セシムヘシ朕曩ニ諸藩版籍奉還ノ議ヲ聽納シ新ニ知藩事ヲ命シ各其職ヲ奉セシム然ルニ數百年因襲ノ久キ或ハ其名アリテ其實擧ラサル者アリ何ヲ以テ億兆ヲ保安シ萬國ト對峙スルヲ得ンヤ朕深ク之ヲ慨ス仍テ今更ニ藩ヲ廢シ縣ト爲ス是務テ冗ヲ去リ簡ニ就キ有名無實ノ弊ヲ除キ政令多岐ノ憂無ラシメントス汝群臣其レ朕カ意ヲ體セヨ」

ええと……要するに世界と競合するためには政令を一本化し、中央集権化しなければならない。そのために版籍奉還で一旦置いた「知藩事」という制度を変えて藩を廃止します、と書いてあります。うまい具合に「海外」というこの時代の人にとって気になるキーワードを入れることで、「外国に攻め込まれるよりはマシか」という心理に誘導していますね。

ちなみにサラっと書いていますが、知藩事というのは元の藩主つまりお殿様のことです。従ってこの勅命は、お殿様に対して「君たち全員クビね」と告げているわけです。

実は廃藩置県に同意すると、元お殿様たちは藩の収入の10％をもらえるという超お得なインセンティブが付いていたため、かなりスムーズに廃藩置県は受け入れられました。しかし、筆者の知る限りお金で解決した問題というのは、いつかお金の問題を生むものです。そうならないためには、やはり「大義」、ストーリーを語る必要があったのです。

■創造的破壊あるところに松下村塾OBあり

この廃藩置県という破壊的創造にも、松下村塾ＯＢである山縣有朋と野村靖がガッツリ関わっていました。その大義について、何やら野村が先輩の山縣のところに相談のチャットを飛ばしているようです。

野村靖
先輩、ちょっと今いいっすか？　あ、その前に、狂ってます？

山縣有朋
おー、なんだ野村くん、久しぶり。狂ってるよ。君たちのイギリス公使館焼き討ちニュースで見たよ！　松陰先生の教え通り狂ってるねー。お疲れさまでした。

野村靖
いえ、先輩ほどでは……。で、もっと狂った提案なんですけど。

山縣有朋
いいねえ。狂いたまえ。聞かせて。

野村靖
藩、ぶっ潰したいです。

山縣有朋
え、それって藩主のお殿様たち全員クビにするってこと？

野村靖
はい。版籍奉還とかやってみたものの、結局元の藩主が知藩事でいる限り中央集権なんて進みませんし、そうなると国家としての体力が付かないと思うんですよね。

山縣有朋
えーと。総論賛成なんだけど、各論はちょっと詰める必要あるかな。

野村靖
はい、長州の後輩で鳥尾小弥太っているじゃないですか。あいつが紀州藩の改革に絡んでて、結構いいモデルケースだったらしいんですよ。あれを水平展開しようかな、と。あと、お殿様たちには何らかのインセンティブプログラムをオファーしようと思っています。

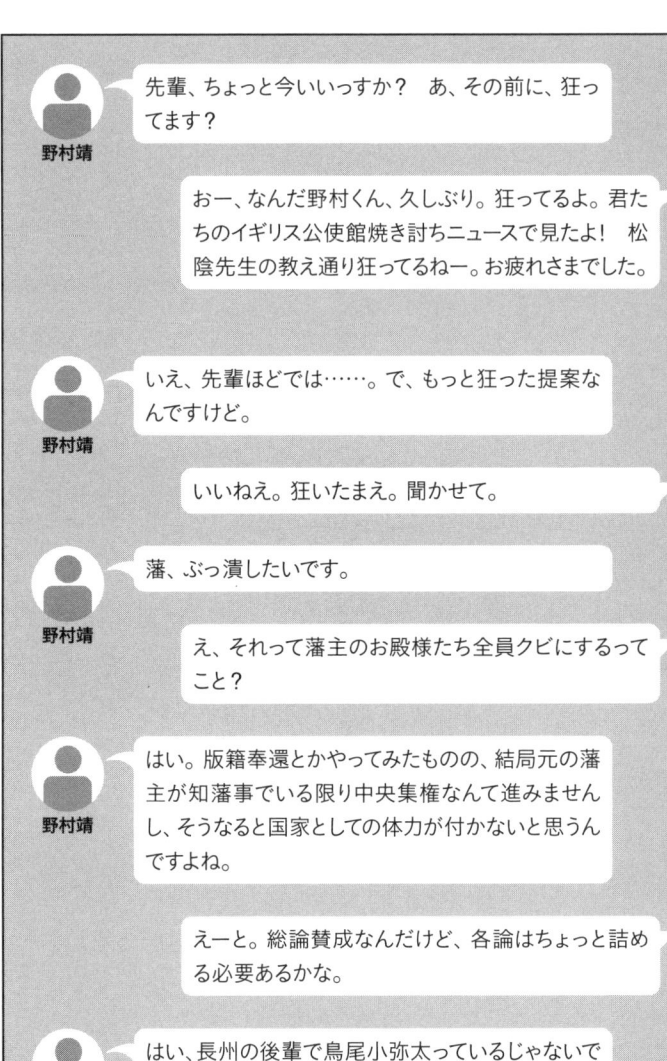

山縣有朋：なるほどね、スモールスタートで成功体験ありか。スタートアップの基本だね。ただ、さっき言った国家の体力が何で必要かってあたり、もっと言語化しないと、突っ込まれたときに返せないよ。

野村靖：そうっすねー。ちょっと鉛筆なめてみます。

山縣有朋：オッケー。ゼロ次案ができたら「たたきのたたきです」って言って、西郷さんとか巻き込もうよ。

野村靖：了解です！

さすがに「狂ってます？」という挨拶はしていなかったと思いますが、野村靖はかなり吉田松陰に傾倒していた人物で、没後は松陰神社に埋葬されていることからも、そのことがうかがえます。

そんな松陰の破壊的イノベーションのDNAを高純度で引き継いだ野村は、紀州藩で行われた藩政改革に立ち会い、近代的な政治行政体制の利点を体感した鳥尾小弥太と共に松下村塾先輩の山縣を説得し、やがてこのアイデアが、明治政府の近代化を加速する廃藩置県の実行へと発展していきました。

ちなみに廃藩置県が実施された1871年、野村は29歳、鳥尾に至ってはまだ23歳でした。ハロウィーンに渋谷で暴れ回っていてもおかしくないお年ごろの青年の描いたこのストーリーが、政府を動かし、現在我々が住む日本の国の姿となったわけです。

冒頭の話に戻ると、Jリーグの発足も廃藩置県も「そんなことできっこない」と思うのは簡単です。いや、むしろできっこないと思うほうが、まっとうな人間かもしれません。

しかし、制度改革はそれではできないのです。制度改革は細かいシステム面の設計もむろん必要ですが、動き出すためのエネルギー源となるストーリーが必要です。そして、改革である以上、どこかで行き詰まったり、反対派の声が大きくなったりすることもあるでしょう。ストーリーはこうした迷ったときに立ち返るべき地点でもあるのです。

ここで本書をお読みくださっている、全国の広報の志士諸兄にお伝えしたいことがあります。Jリーグ百年構想は、ある種のPR活動です。「たかがPR」と、自身の業務を軽んじている方がもしいるとしたら、このような回天の業をもなし得る仕事であることを、改めて誇りに思ってもらいたいです。

Jリーグの成功は、プロスポーツチームの役割を大きく変えました。それまで興行というビジネス面だけで見られていたものが、地域発展、青少年育成といった社会貢献、そして競技レベルの向上という結果をもたらすことを証明しました。

その後、バレーボールのVリーグ、バスケットのBリーグ、ラグビーのリーグワンなど、同じような理念を持った各競技のトップカテゴリー団体が発足し、それぞれに競技レベルをはじめ、それまで以上の発展を遂げていいます。

こうした、日本のスポーツ界の発展の起点が「Jリーグ百年構想」というストーリーにあることは、ストーリーテリング自体の可能性を証明するものでしょう。

第2章

危機対応のストーリーと失敗の広報

13

信長は謝罪会見をすべきだった？

戦国大名の危機対応

ここまで本書では、ストーリーは人の心を動かし、新しい何かを生み出すための無限のエネルギーを持っていることを、過去の歴史を通じて話してきました。一方で、「人はなぜ歴史を学ぶのか」と言われると、それは過去の失敗に学びたいからではないでしょうか。

そこでこの章からは「危機対応のストーリーと失敗の広報」というテーマで進めていきます。

ここ数年増えたニュースとして、残念ながら企業の不祥事関連のニュースを挙げざるを得ません。品質問題、ハラスメント、違法行為。不祥事を起こした団体も、行政機関、大企業、教育機関など様々で、こうした社会的責任のある組織はなおさら大きな批判の的となってしまいます。

むろん不祥事を起こさないに越したことはないのですが、もしもの場合を想定しておくのは、企業のリスクマネジメントとしてもはや必須と言っていいでしょう。しかし、どうしたことか、誰の目から見ても拙い危機対応しかできていない組織が多く、そのことがかえって事態を悪化させているように思います。

これからいくつか紹介する話は、自分がストーリーを発信するのではなく、自分以外の誰かが語るストーリー、特に不祥事や失敗に端を発するネガティブなストーリーに対し、どのように対処するかについて考えてみます。広報が余計なことを言って、社会を敵に回さないようにするのは当たり前ですが、どのように説明責任を果たせば事態の収拾が早まるのか、どのような語り口なら反感を買わず、逆に社会の理解を得やすいのか。歴史の中に、それらの答えを見ていきましょう。

■織田信長のリスク対応広報

ここでは織田信長による「比叡山の焼き討ち」を題材に、リスク時のコミュニケーションについて考えてみます。信長といえば、「キレやすい」「残忍非道」という人物のイメージが現代にもあるかと思います。これから会う取引先の重役のあだ名が「信長」だと知ったら、ちょっとドキドキしてしまいますよね。そんな信長のイメージを決定付けたのが、この比叡山の焼き討ちでしょう。どうして比叡山を焼き討ちしたのか。比叡山焼き討ち事件後の説明を広報がしっかりしていれば、信長の残忍で恐ろしいイメージも、少しは変わっていたかもしれません。

比叡山の焼き討ちとは、1571年に、現在の滋賀県大津市の比叡山延暦寺を織田信長の軍が攻めた戦いのことです。この戦いで信長軍は延暦寺を焼き払い、多くの僧侶の首をはねたといわれています。

う〜ん確かに残忍ですね。しかも相手はお坊さん、お寺を焼き払うとはまたバチ当たりな……と思うのですが。実はこの事件については、少し掘り下げると違う事実が見えてくるのです。

現代の我々が持つ比叡山のイメージといいますと、最澄によって開かれ、優れた高僧をたくさん輩出している立派なお寺、という印象です。しかし信長の時代には、「寺社勢力」などと言われるように、武力、経済力において武家、貴族に並ぶ力を持っていて、相当な数の僧兵を擁していたようです。つまり比叡山はこの時代、織田信長から見ると天下統一のためにいずれ対決すべき一大勢力だったのです。

「それでもお寺さんを襲うとは一体何があったのか」と、疑問は深まるばかりです。

ここで2つの全く違う視点の資料を見てみます。その名も『信長公記』という信長寄りの資料によると、当時の比叡山は「天道のおそれをも顧みず、淫乱、魚鳥を食し、金銀まいないにふけり、ほしいままに相働く」とあります。要するに、かなり盛大に経済活動を行っていたのです。その経済力で自らも武装しますし、周囲の戦国武将を動かすことも可能です。このような武装勢力であるが故に、信長が京都まで勢力を伸ばすと、比叡山と領地接収をめぐって対立が起こります。さらに、比叡山が信長の敵である浅井、朝倉勢をかくまう行動に出たこともあり、信長にとって比叡山はかなり頭の痛い存在だったのです。

こうした背景からすると、信長の視点では比叡山との衝突は必然だった、ということになります。

一方、それにしても焼き討ちはひどすぎる、という報告もあります。『御湯殿の上の日記』によると、寺社堂塔500余棟が残らず灰になり、僧侶男女3000人が首を斬られて、全山が火の海になった、とあります。故意に人の財産に火を付け、罪のない人を3000人も殺すというのは、当時としても批判されてしかるべき蛮行でした。

本書は歴史の真実を解明するのが目的ではありませんので、実際のところは専門家の方にお任せしますが、ここでは織田家広報の立場から比叡山焼き討ちという行動をどう弁明したらよいかを考えてみます。

織田信長：広報チーム、『御湯殿の上の日記』読んだかな。ああいう批判的なニュースがネットで拡散されるとよくないんだけど、あれってウチで取材受けたの？

広報：いいえ。あれは織田家広報には取材いただいていません。

織田信長：なんか俺のアカウントにもDMで取材依頼とか入ってきてるんだけど、面倒だからスルーしてる。マスコミってさ、結局悪口書きたいだけだからさ、こういう時は広報も相手にしちゃだめだよ。

広報：恐れながら、どうして焼き討ちを行ったのかという理由を説明するための取材を何件か設定してはどうでしょうか。我々も理由なく寺を襲ったわけではないので、その点だけでもマスコミに理解していただくのがよいかと思います。

織田信長：それって会見？　俺に頭を下げろと？

広報：SNSがざわついておりまして、ヤフコメ（Yahoo!ニュースのコメント欄）も結構荒れています。説明責任を果たしていない、と。

織田信長：まあ「人のうわさも七十五日」って昔から言うだろ。そこまでしなくてもいいと思うよ。なんかあったら、明智光秀にぜんぶやらせるから。それより武田信玄との関係も微妙だし、この件にあまり時間を取られたくないんだよね。

広報：かしこまりました。基本的に静観することとします。

敏腕経営者でも不祥事には素人同然

上記チャットのやり取りでよろしくないのは、せっかく広報が建設的に説明責任を求める声が上がっていることを知らせているにもかかわらず、経営者である信長がこれを否定してしまい、明智光秀の項目でも触れた「人の噂も七十五日」論を振りかざして、そして広報もそれに従ってしまっている点です。

ここで一つ、読者のみなさんに考えていただきたいのですが、企業の経営者というのは、その組織の中で経験も豊富で判断力も誰よりも優れている、という人物でありますが、果たして非常時の対応も経験豊富なのでしょうか？　そうとも限りませんよね。つまり組織のトップの属人的な危機対応体制は、ろくな経験もない人物が指揮官になっている状態なわけです。いつ間違いが起こっても不思議ではないということに、まず危機感を抱くべきです。

先ほど「誰の目から見ても拙い危機対応しかできていない組織が多い」と書きましたが、こうしたトップの権限と危機対応の経験値のミスマッチが原因の一つではないかと思います。特に信長のような絶対的なリーダーの組織ほど、こうした危険性が高いのではないでしょうか。危機対応を誰が主体となって行うかに関しては、本書の後のほうで危機対応時のタスクフォースとその人選について述べたいと思います。

不祥事に遭遇してしまったとき、「マスコミは敵だ」という単純な図式を描くのは無理からぬ心理です。しかし、スキャンダルでニュースのアクセス数稼ぎを狙う一部のメディアでなければ、単に正確な事実をいち早く知りたいだけであることがほとんどです。中には批判よりも、冷静な解説記事を書きたいというメディアもあるでしょう。

むしろ、しっかりと調査した上で、一度で説明責任を果たせば、案外「不祥事はよろしくなかったが、その後の対応は素晴らしかった」という評価をマスコミから得られるものです。経営者も広報も、このような前向きな気持ちで事態に当たるべきです。

実際、2023年に大手通信会社が大規模な通信障害を起こした際、確かに障害そのものはネガティブな事案ではあったものの、その後のマスコミ対応はトップ自らがすべての質問にその場で的確に答え、自らが陣頭に立って危機対応を進める姿に称賛の声すら上がりました。

こう考えると、カリスマ性があり、周囲が進言しにくい雰囲気を持っていた信長は、危機対応には多くのリスクを抱えたリーダーだったかもしれません。

■ ストーリーのパワーは逆方向にも作用する

危機対応時、次に気になるのがSNSでの二次的な情報の拡散、いわゆる炎上です。

責任ある立場で作られる報道記事と違い、SNSというものは時に無責任に批判的なトーンに暴走しがちです。例えばオリジナルの焼き討ちの記事に書かれていなかったとしても、「織田信長は悪いやつだ」「残忍な人物だ」という感想を述べる人はいるでしょうし、そういう批判的なトーンにこそ共感が生まれるというのが、SNSの特徴でもあります。

現代のネガティブ報道が過熱する背景に、SNSが関係していることはほぼ間違いないでしょう。またYahoo!ニュースなどのコメント欄も、正義の鉄ついを下す名もなき人で荒れることが多々あります。ここにきて、本書で取り上げる「ストーリーの持つパワー」が逆向きに作用し始めるわけです。

一つ悪手と思われるアクションは、こうしたネットの書き込みやニュースに対し、当事者として都度相手に反論していくことです。相手からすると、燃料となる格好の「ネタ」を提供し続けてくれる形になり、さらなる炎上の引き金となることを知っておくべきです。反論に対する反論は永遠に繰り返され、最終的にはこちら側が損をして終わるものです。

かといって、今回の信長のように何の情報開示も行わないのも消極的過ぎるでしょう。一部のマスコミ報道が事実と異なる場合など、自社の事情を説明する文章をホームページのようなニュートラルな場所に公開することで、バランスを取る必要があります。

最後に、昨今やたらと開催されている「謝罪会見」について。

危機対応の備えといいますと、どうも謝罪会見のリハーサルをやることのように誤解している人がいるようなのですが、そうではありません。そもそも何のために会見を行うのか、ここにズレがあるように思えてなりません。

本来謝罪すべき対象者には、多くの場合マスコミを通さずにおわびできます。従って会見の真の目的は、説明責任を果たすという点にあります。あくまで「記者説明会」であって、何の説明の用意もしないまま謝罪だけしても、許してもらえるものではありません。会見は「みそぎ」の場ではないのです。

また、説明責任を果たすということを「自己弁護の機会」と履き違えてしまうと、さらなる批判を受けてしまいます。説明責任といっても、具体的に何のことかはっきりしないかもしれませんので、これについては次の項目で少し詳しくお話しします。


比叡山の焼き討ちは、『御湯殿の上の日記』という朝廷の内部文書にも記録されていたことから、戦国の当時においても衝撃的なニュースであったと想像できます。この時点の信長のロードマップは、「信長包囲網」といわれる敵を撃破することが最優先でした。それを考えると、周囲からの印象を良くしておくほうが得策と思うのですが、比叡山焼き討ちに関して積極的な説明責任を果たすことなく、信長は本能寺の変に倒れてしまいます。

もう少し危機管理と適切な広報ができていれば、信長とその後の時代も変わっていたかもしれません。ただ、危機対応で失敗している企業は、ここの予想が甘いのです。なぜ人は危機対応時に甘い予想をしてしまうのかについても、別項で詳しくお話ししたいと思います。

14

比叡山のリスクマネジメント

危機対応のチェックリスト

企業の製品事故や不祥事があった際、必ずと言っていいほど「あの時なぜこうしていなかったのか」という批判が出てきます。

ひとたび危機が発生した際、いわゆる「やってしまった側」がしっかり説明責任を果たすことの大切さについて前項で触れましたが、これは被害を受けた側も無関係ではありません。警備体制、防火対策は万全だったのか、あるいは人間関係のトラブルを抱えていなかったのか。こうした質問は、被害に遭ったとされる側にも容赦なく飛んできます。その対応を間違えると、思いがけず批判を受けることにもなりかねないので、日頃から備えておくことが肝心です。

この項目では、こうした受け身に立つ側がどのように危機対応に備えておけばよいのかについて、併せて前項で書き切れなかった「説明責任」についても考えてみたいと思います。

■比叡山のリスクマネジメントに問題はなかったのか

1571年に織田信長によって起こされたいわゆる「比叡山の焼き討ち」は、一見すると織田信長というクレイジーな武将が、あろうことか神聖なお寺を焼き払い、たくさんの犠牲者を出した一方的な事件のように見えます。

しかし、少し客観的に見ると、比叡山という集団も相当数の僧兵を抱え、豊富な財力を持っていたため、軍事的な勢力として無視できない存在でした。その比叡山が野田城・福島城の戦いで浅井長政・朝倉義景連合軍に協力するなど、「信長包囲網」の一角をなし、積極的に戦国の情勢に加担していたため、織田家の視点から見ると、比叡山という勢力を排除する必要があったわけです。

ここで、比叡山側の視点で考えると、ここまで信長と対立した以上、織田家と衝突するリスクは十分に予測できたはずです。これをどう考えていたのか興味の湧くところです。戦国という厳しい時代にあって、こうしたリスクマネジメントの良しあしは死活問題です。

ここでは実際の焼き討ちがあった後、「振り返り」会議を行った際の議事録を想像してみましょう。この議事録の宛先である覚恕《かくじょ》とは、比叡山の管長ともいえる天台座主で、焼き討ちの時は運良く不在だったため難を逃れています。

TO：覚恕様
CC：高僧各位

記:**危機対応委員会**

今般の織田信長による焼き討ちについて、再発防止策策定のご指示をいただきました。これを受け、事前対応の不備がなかったかといった原因究明、再発防止について関係者による振り返りを行いましたので、以下の通り議事を展開させていただきます。

●原因①：**(織田家が攻撃してくるに至った原因)**
当山が勢力拡大をもくろむ織田家に対する包囲網の一角であり、浅井・朝倉氏をかくまったことが直接的原因。

●原因②：**(当初計画していた危機回避策)**
織田家との関係が悪化し始めた当初、織田家に対し判金などを送ることで和解する計画だったが、織田家の怒りは想定以上に大きく、危機回避策が計画どおり機能しなかった。

●原因③：**(当日警備体制の課題)**
本来警備に当たるはずの僧兵が日吉大社1カ所に寝ており、ここにまず火が放たれ、僧兵を多数失い防衛機能を失った。

●結果：**(被害実情)**
主要建造物の焼失。僧俗、児童、知者、上人多数落命。

●再発防止策：
・僧兵の分散配備など、警備体制の冗長化を進める。
・織田家との関係改善を図り、衝突を避ける。
・織田家対抗勢力とのパートナーシップ（下記）。

●事後対応：
織田信長と対抗し得る武田信玄氏との地域包括連携協定を打診中（正《おお》親《ぎ》町《まち》天皇に紹介を依頼済み）。同協定に、比叡山に今後武力侵攻があった際の武力支援を明文化。また、武田家による比叡山再建も中期事業計画に組み込む。

(武田信玄氏の急死などがあった場合、計画が頓挫するリスクあり)

危機対応で怖いのは、誰も経験がないのに、いきなり大勝負の舞台に立つということです。これはヨットの操船方法をYouTubeで見ただけの人が、初航海で太平洋単独横断に挑戦することと変わりなく、この先、どういった危険が待ち構えているのかの想像すらできないかもしれません。特に危機対応の場合、「説明責任」が求められるわけですが、何をもって説明責任なのかが社内の誰も分かっていないこともあるでしょう。

しかし、こうした時に先人が「フレームワーク」というものを残してくれています。この「型」通りに準備をしておけば、ある程度「説明責任を果たした」と言えるはずです。以下は筆者が危機対応の専門家のアドバイスを得ながら、経験的に学んできたことを整理した項目です。何かあった際に、抜け漏れを防ぐのに役立ちます。

(1) 発生事実の整理
(2) 発生原因
(3) 影響（被害状況、経済的損失）
(4) 再発防止策
(5) 事後対応（謝罪、原状回復、補償など）

これを基に、比叡山の議事録をもう一回振り返ってみましょう。

比叡山側は早くから非常事態に突入していた

（1）発生事実の整理。ここは、例えば製品のリコール、社員による不正などで、そもそも何が起きたのかを、いわゆる「5W1H（いつ、どこで、だれが、なにを、なぜ、どのように）」的にクリアにすることです。これが危機対応の第一歩です。ここの状況把握で「自社に落ち度があった」「自社に落ち度はない」が明確になりますので、以降のストーリーが全く違ったものになってきます。

また、得てしてこの段階で対外的な説明に窮する事実が発覚するわけですが、その責任追及などの深掘りは一旦置いておき、まずは事実が何かということを机の上に広げることに集中します。

（2）発生原因。比叡山のケースでは原因を3段階に整理してみました。原因も何も、突然向こうから武装集団が襲ってきたので、こちらは何もできませんでした、と言いたくなると思いますが、それでは学びがないというものです。原因①のケースでは、信長にとって敵となる浅井・朝倉氏などの味方をしていたので、織田家から敵視されていたことは自覚できていたはずです。その対策が次に挙げた原因②です。金銭を渡すことによって、織田家とのトラブルを回避できると見込んでいたのでしょう。ところが、信長がそれを拒否しました。ここでいわばセーフティーネットが機能しなくなったので、この段階で比叡山としては非常事態に突入していました。最後の原因③についても、万が一のための警備を行っていましたが、それがなぜ機能しなかったのかという説明です。ここは、今後改善が必要です。

次に（3）の影響、すなわち結果ですが、ここは当たり前に結果なので割愛します。被害の範囲というのは、例えばリコールなどのケースでは必ずマスコミに聞かれます。積極的に言いたくないことでも、下手に数字を隠すよりも、透明性を示すためにもしっかり公表できるデータは用意しておくべきです。

そして（4）再発防止策と（5）事後対応、すなわち対策ですね。ありきたりなのですが警備の強化がありますす。ただ、比叡山の場合、そもそも織田家との対立という原因を解消しないと、根本的な再発防止にはならないでしょう。ここでは織田家との関係改善と、織田家に対抗する勢力との関係構築、という2つのオプションを提示しています。

比叡山の選択は、武田家との関係を築くことでした。いわば敵の敵は味方、という考えで、安全保障を武田家に求めたというわけです。ただ、結局武田家はこのあと武田信玄が急死し、比叡山の支援をするどころではなくなってしまいます。

以上、危機対応のチェックリストで比叡山の焼き討ちを振り返りましたが、危機対応で一番肝心なことはなんでしょうか。それは「最悪のシナリオは何か」という想像力を働かせることではないかと思います。例えば、ちょっとした製品不良であれば個別に交換や修理をすれば済む話です。しかし、それが原因で人がけがをした、建物が燃えてしまった、というような最悪の事態になることを、平時において人は想像しようとしません。

同様のことは、ビジネスの日常でもあることです。例えば来年の新商品の企画をしている時、ライバルメーカーが自社の新商品を上回る新商品を出してくるとしたら？という問いに対し「そんなことは起こらない」と断言してしまわないでしょうか。これは「そんなことが起こったら困る」という気持ちが、やがて「そんなことは起こらない」にすり替わってしまう例です。

比叡山の例に戻ると、原因②の段階で、比叡山は判金300枚を渡して信長に納得してもらうという筋書きで、リスク回避ができると思っていました。しかし、これの実体は「納得してもらわないと困る」というような心理から、「信長は納得するに違いない」にすり替わり、次の手である自衛武装がやや甘かったのだと思います。

恐らく、人間のつくる会社という組織は、最悪の事態を想像することに対し、何らかのブレーキをかける集合的な無意識を備えています。心理学の世界では「正常性バイアス」という言葉がありますが、同じようにそのような危機は起こらない、そのようなマスコミからの批判は受けない、と思い込むことは自然な心理です。この心理に組織として抗って、どこまで怖い思いを想像できるか、これが危機対応のスキルなのだと思います。

15

石田三成怒りの「文春砲」

スキャンダル告発で家康、どうする？

『週刊文春』が内部告発や独自取材などで、芸能人や有名人のスキャンダルを報じることをいつの間にか「文春砲」と呼ぶようになりました。それが仮に、他誌の記事であっても「文春砲」のように世間から認知されるのは、紙おむつのことを「パンパース」と呼ぶのと同じことなのでしょうか。やはり、先駆者として認められるというのは、ブランディングにおいて最強ですね。

■我が国初の文春砲を放ったのは石田三成

我が国初の〝文春砲的な〟事件とは、いつまで遡れるのでしょうか。さすがにそんなアングルで日本史を研究している資料は見当たらなかったので、筆者の独断で見つけてみました。それは「関ケ原の戦い」の直前に、石田三成が徳川家康のルール違反を暴いた告発文書『内府ちかひの条々』です。本稿はこの「石田三成砲」を放たれた徳川家康の側に立って、万が一自分が告発される側に回ってしまった場合、どのような対応が考えられるかを見ていきたいと思います。

その前に、ちょっとだけ関ケ原前の政治情勢について、日本史のおさらいをしておきます。

豊臣秀吉の死後、その権力は息子の秀頼に継承されます。しかし、まだ幼く頼りなかった秀頼を補佐するため、亡き秀吉の命令に従い「五大老」「五奉行」という制度が置かれました。いわば秀頼という実務能力に欠けるCEO（最高経営責任者）を補って、実質的に会社経営を担う役員を選出し、同時に役員同士の権力の分散均衡を図った、というところでしょうか。

しかし、作家・池井戸潤さんの企業小説や原作のドラマを見ている現代人の我々の目には、こうした体制がうまく回るはずもないことは明らかです。案の定、このシステムは早速崩壊し始めます。

崩壊の口火を切ったのは家康でした。というのも、この時点の家康は、石高にして260万石という豊臣家の家臣としてもダントツの実力者でした。一応は筆頭に指名されてはいたものの、五大老、五奉行という横並びの制度が面白いはずはありません。辛抱できない家康は、秀吉の遺言で禁止されていた政略結婚をバンバン進め、自分の勢力拡大を計ります。

一方、豊臣家への忠誠心の強い石田三成は、このような家康のいわばコンプライアンス違反に我慢がなりません。このようにして、告発文章『内府ちかひの条々』が放たれたのです。

徳川家康：@広報チーム、『週刊戦国』の石田三成のインタビュー読んだ？

広報：はい。『内府ちかひの条々』ですね？　読んでおります。

徳川家康：しかしマスコミの質も悪くなったよなー。こんなくだらない記事書くなんてなー。

広報：あの、ネット上で家康様への批判の声がバズり始めてます。『週刊戦国』に抗議して、ネットの声に対しても何か対抗措置を取るべきかと思います。

徳川家康：確かに、黙っているだけだと信長さんの比叡山の時みたいになるからねえ。それならいっそ、一回今の体制をガラガラポンしようか？　豊臣秀頼はもう完全にお飾りだしさ、代わりに仕切ってる石田三成も全員野球とか言ってるけど、全然武将として能力ないし。加藤清正や他の武将も、SNSで石田について悪口書いてるよね。SNSで「やりましょう」とかコメントしちゃいたい。

広報：SNSはやめておきましょう。そもそもガラガラポンで全員野球とは？

徳川家康：え？　最近ってこういう言葉使わないの？　あと、『週刊戦国』に抗議しても泥仕合になるだけだから。ここは一つ空中戦で、メッセージ発信して対抗したほうがいいよ。

広報：空中戦？……ちなみに政略結婚はどう説明なさるのですか？

徳川家康
あんなのダマテンでやっちゃえば分からないはずなんだけど、誰かペラしたやつがいるんだろうね。まあでも、結局三成はさ、アンチ家康を増やしたいからこんなことやってんだろ？　諸大名も指示待ちのやつが多いからさ、ここで日和《ひよ》られると正直ちょっとウチもきついわな。

広報
ダマテン、日和るとは？

徳川家康
でも五大老、五奉行とか、船頭多くしてなんとやらで、全然ワークしてないわけ。だから、諸大名にはもうこれからは家康側についていったほうがいいんだなーっていうのを、分かりやすく伝えなきゃダメなのよ。どうやって発信したらいい？

広報
パーセプションチェンジですね。思い切ったPRイベントを開催して、徳川側の勢い見せつけます？

徳川家康
いいね。見せてもらおうか、徳川家の勢いとやらを。ちょうど上杉征伐の軍勢を動かしたところなんで、ちゃぶ台返しで行き先を石田三成の居城にしちゃおうか。たぶん関ケ原あたりで三成とバッティングするんで、それをPRイベントにしちゃおうよ。イベントの最中にバンバン徳川家に寝返りが出ると、結構PR効果大きいよね。ちょっと諸大名向けの企画書、鉛筆なめつつやってみてくれない？　小早川秀秋とはツーカーだから、あらかじめ軽くジャブ打っとこうか？

広報
鉛筆なめ、ツーカー、ジャブ？……かしこまりました。一旦関ケ原にイベント会場の空きがないか確認して、仮押さえしておきます。

広報担当は、徳川家康のおじさん臭がプンプンする「昭和ビジネス用語」が気になっているようです。ちなみに、平成以降のビジネスパーソンのために解説しますと「鉛筆をなめる」というのは、もっともらしいシナリオを恣意的に作るというニュアンスを含んでいます。

■ 相手のルールでは戦わない

ここでの家康の対応を見てみますと、自身のSNSを使って発信を試みますが、これを広報がいさめています。一部の有名な経営者が、うまくSNS使って情報発信を行っていますが、危機対応時にこれはかなりのリスクがあると考えるべきです。また、マスコミとしては、SNS越しの一方的な発信だけで、直接自分たちに対して説明責任を果たさないことにイラつきを覚えるでしょう。そうなると、記者会見を開くことが誠実であり、すべきことのように思えます。しかしこの場合、それも良い手とは思えません。「石田三成砲」の内容は正しい指摘だったりもするので、相手の指摘にロジックで対抗できなければ、全く謝罪にも説明にもなりません。徳川の発言はすべて身勝手な言い訳にしか聞こえず、呼ばれたマスコミとしては、当初そんなに批判するつもりがなかったとしても、会見のニュースを出すために、「説明が不十分だ」「謝罪の言葉は最後まで聞かれなかった」という記事を書かざるを得なくなります。

現代の謝罪会見でも、「やってません」「覚えていません」のようなコメントを繰り返す姿を見ることがあります。これは反論すべき根拠もなしに、このくらい謝っておけばすぐに許してもらえるだろう、こちらの主張も聞き入れてくれるだろう、という甘い見込みの下、わざわざ墓穴を掘っているのです。

逆に、十分反論すべき根拠がある、あるいは指摘を受けて反省し、改善する計画を聞いてもらいたいという場合は、会見を開催することは間違っていないと思います。

今回の場合、豊臣体制という世界観の中では、石田三成のストーリーに完全に分があります。しかし家康が本当にやりたいことは、「豊臣政権の終わり」「次の時代のリーダーは家康」という大きなゲームチェンジを起こすことです。そのためには、豊臣体制でのルールに従わなかったことについて、正しい正しくないの話に付き合っていては、家康の描くストーリーには永遠に辿りつかないでしょう。相手のルールに従ってコミュニケーションしたのでは、勝ち目がないのです。

かといって何も手を打たなければ、記事の受け手の家康への印象がどんどん悪くなり、離反する大名が増えかねません。ここは大きく論点をシフトさせる大技が必要です。

そこでチャットでは、広報担当がＰＲイベントとして「関ケ原の戦い」を実施することを提案しています。この戦いは、豊臣の定めたルールではないところで徳川が実力を示せる機会を自らつくり出すための〝イベント〟です。

むろん、この会話はフィクションなのですが、戦いの目的という点ではあながちずれた話ではありません。

次項ではＰＲイベントとして捉えた場合の、関ケ原の戦いについて見てみたいと思います。

16

「天下分け目の決戦、取材のご案内」

家康が仕掛けた史上最大のPRイベント

前項で『内府ちかひの条々』という、文春砲ならぬ〝石田三成砲〟を食らった家康ですが、ここでもし家康がストレートにこれに反論していたら、それはあくまで豊臣体制のルールの上で戦うことになりますので、どう考えても勝ち目はありません。石田三成砲に対処するためには徳川体制という対案を提示し、今後の政治体制は2つのうちのどちらがいいかという、選択を迫る戦いまで押し返す必要がありました。

■ パラダイムシフトにストーリーテリングあり

ビジネスの場においても、Aというそれまで支配的であった存在が、Bという新興勢力に主役の座を奪われてしまう、ということがたびたび起こります。例えば、レンタルDVDから動画のサブスク配信に人気が移った瞬間がこれに相当するかと思います。

こうした大きな価値観の変化を「パラダイムシフト」と言い、この成否には広報、すなわちストーリーテリングの良しあしが大きく影響します。新たな価値観を、より納得感のあるストーリーで語ればパラダイムシフトが起こり、逆に相手の古い価値観を覆すことができなければ、どんなに良い製品・技術であったとしても失敗に終わってしまいます。

ここで関ケ原の戦いに話を戻してみましょう。

石田三成率いる西軍の有利な点は、豊臣体制の維持という「忠義のストーリー」がそこにあることです。「忠義」に背く徳川家康は成敗されるべき存在で、家康に味方することは、豊臣家への忠義を疑われる行為である、というストーリーです。

家康が非凡だったのは、そのような石田のストーリーに「忠義」という同じ軸で対抗せず、新興勢力である徳川のほうが、実際に周囲の武将の支持を得ているという「ファクト」で勝負に出たことです。いわば、三成の掲げる「忠義」というストーリーを潰しにいったわけです。そして、家康は「家康支持派の数」というファクトを可視化するために大胆なPRイベントを開催します。これが関ケ原の戦いでした。

もし徳川家から関ケ原の取材案内が出ていれば、以下のようなことが書いてあったはずです。なお、関ケ原の戦いの歴史はいまだに研究中であるため、日時などの記載には諸説あることをあらかじめお伝えしておきます。

報道関係各位

徳川家広報部

天下分け目の決戦、取材のご案内

平素は徳川家に格段のご高配を賜り誠にありがとうございます。きたる慶長5年9月15日、関ケ原において天下分け目の決戦を行いますので、ぜひとも取材いただきたく下記の通りご案内申し上げます。

・日時：慶長5年9月15日午前10時～（終了時間未定）
・会場：関ケ原（仮押さえ中）　※戦況により変化しますのでご了承ください。

●合戦の背景

豊臣秀吉太閤没後、豊臣秀頼氏を中心とした五大老・五奉行の制度が始まるも、運営体制に課題があり、不満を持つ家臣が我々徳川家にクレームを上げてくる事態になりました。豊臣体制の事務局を務める石田三成氏にこの点を進言するも聞き入れられず、それどころか当家当主・徳川家康に対する誹謗《ひぼう》中傷の書き込みを行うなど、相互の意見の不一致を見ました。
その後も徳川家を中心とした新しい政治指導体制の樹立を求める声も多いことから、今回の合戦のはこびとなりました。

●合戦の見どころ

石田三成率いる西軍と徳川家康率いる東軍が激突。より多くの武将の支持を得たほうが勝つことになる戦です。西軍の敗北は豊臣体制の崩壊を意味します。徳川時代の幕開けとなる勝利を目指し、徳川家は全力で戦います。

-1-

●特記事項

戦にありがちな「寝返り」のサプライズが今回も発生予定です。カメラ位置は小早川秀秋陣営近くをお勧めします（※くれぐれもオフレコにてお願いします）。

取材ご希望の場合、徳川家広報まで事前にご連絡ください。

●注意事項

取材中のマスコミ関係者の事故が増えています。取材者は合戦取材にふさわしい装備でお越しください。合戦中のけがは自己責任となりますのでご了承ください。

-2-

こんな案内状は実在しませんが、関ケ原の戦いは「忠義で結束していたはずの西軍武将が石田三成を見限り、趨勢を握った徳川家康がこれを機会に新しいリーダーに認定される」というシナリオがしっかり裏で描かれていた戦でした。

関ケ原で徳川家がすべきことは、敵将の首を取ることでもなく、敵の領土を占領することでもありません。「みんなが徳川の味方をするために豊臣側を見捨てた」と、誰の目にも分かるようなコミュニケーションを展開することです。

そのためには、キーとなる小早川秀秋の裏切りを裏でネゴしておけばよかったのです。そのために55万石の領地というコストがかかったようですが、その後300年近く続く徳川の安泰を買ったと思えば、安い投資だったでしょう。

有力大名だった小早川秀秋による寝返りは、その他の西軍武将に連鎖反応を起こし、西軍から次々と寝返る武将が出たことで、雌雄は決せられたといわれています。まさに家康のPRプラン通りの結果となったのです。

石田三成があれだけ批判していた家康のルール違反は、新しい体制の下ではもはやどうでもよくなってしまいます。まさにパラダイムシフトの瞬間であり、広報としては本懐を遂げた瞬間ではないでしょうか。

こうして、世に知られる天下分け目の決戦、関ケ原の戦いは家康率いる東軍の勝利に終わります。

■ストーリーテリングがファクトに負けた関ケ原の戦い

鮮やかな徳川家康の勝利で幕を閉じた関ケ原の戦い。しかし、本書のテーマであるストーリーテリングの視点から見ると、はっきりとしたストーリーを語っていたのは「豊臣家への忠義」を掲げていた石田三成でした。そして勝った家康は、特に人の心をつかむようなストーリーを語ったわけではなく、ただ「数」というファクトを見せたことで、敵方のストーリーを無効化したのです。いわばストーリーテリングの敗北、とも言えるケースです。

とはいえ、このまま徳川家がすんなりと天下を手にしたかというと、そうはいきませんでした。豊臣秀頼は一大名という地位に降格こそしたものの、右大臣という高い職位にあり、引き続き豊臣家に忠誠を誓う大名も少なくありません。これは関ケ原の戦いが「豊臣家の天下」という西軍のストーリーを、完全に上書きできなかったということにほかなりません。

結局この問題に決着をつけるために、家康は大坂冬の陣、夏の陣を企画せざるを得なくなります。そして、このややグダグダな対応は「狡猾《こうかつ》なタヌキじじい、徳川家康」という、現代にまで受け継がれる余計な評価を生んでしまいます。

関ケ原の後味の悪さは、やはり「ストーリーなき勝利」だったことが原因ではないかと思います。共感なき体制変更、説明なき修正。こうしたものが一時的に成功を収めても、人は付いてこないものです。企業でM&Aのような大きな体制変更があった後、しばらくして組織が内部崩壊し、M&Aの効果が消失してしまうというケースを見かけることがあります。まさに「ストーリーなき変革」の失敗例と言えます。反対に、石田三成は「ファクトなきストーリー」とでも呼ぶべき状態で、口先だけでどこかで聞いたようなカッコいいことを言っても、ついに人は動きませんでした。ファクトとストーリーは、改革が行われるときの両輪のようなものなのです。これが、関ケ原の戦いが今日のビジネスに残す教訓ではないかと思います。

最後に、石田三成について余滴ながら書き加えておきます。彼は元々武家の良い家柄の出身ではなく、豊臣秀吉によって小姓というアシスタント的なポジションから取り立ててもらい、豊臣政権の中枢にまで上り詰めた人物でした。恐らく豊臣家に対する思いは、誰よりも熱かったのではないかと思います。また、戦で先頭に立って武功を挙げるよりも、後方支援などの実務が得意だったようです。

そんな石田三成の残した『内府ちかひの条々』は、13箇条の家康のコンプライアンス違反を実務家の三成らしくファクトベースで押さえ、時の行政の最高責任者である三奉行が連名で発信しているものです。紙面の関係で全文は紹介できませんが、現代のプレスリリースとしても十分通用する、素晴らしい内容になっています。時間のある方はぜひ一読をお勧めします。

17

デジタルタトゥーに悩まされる徳川家康

ネガティブな話題に群がるネット民

どのような立派な経営者でも、どうしても生身の人間なので時に過ちを犯します。売り上げが落ちたり赤字に転落したり、あるいは肝煎りで始めた新規事業を早々に撤退せざるを得なくなったり……。そして、世間からある程度注目されるような企業であれば、こうしたマイナス部分もマスコミは報道します。いわゆる「ネガティブ記事」というやつです。

人類が長年受け継いできた「人に語りたい」というストーリーテリングの本能が最も刺激されるのが、このネガティブ報道です。さらにネガティブ報道はSNSなどとの相性がとても良く、あっという間に情報が拡散します。現代は人類史上、最もネガティブな話題の拡散を目にする時代と言えるでしょう。

今回は、徳川家康のネガティブ記事を例にその対処方法について、反面教師的な事例を見てみたいと思います。

■デジタルタトゥーという恐ろしい現象

実は徳川家康という人の人生は失敗の連続で、「死にそうになった」ということが一度や二度ではありません。現代の我々でも「死ぬかと思った」という言葉を表現として用いますが、家康の生きた時代は戦国時代です。文字通り、死を覚悟する壮絶な体験を繰り返していたのです。

中でも極め付きの大ピンチだったのが「三方原《みかたがはら》の戦い」です。1573年、家康が戦国最強といわれた武田信玄に打ちのめされ、命からがら逃げ延びた戦でした。いささか尾籠《びろう》な話で申し訳ないですが、この時敗走する途中、家康は恐怖のあまり便を漏らしてしまったというエピソードも残っていますので、とにかく肉体的にも精神的にもギリギリまで追い詰められた敗戦だったのでしょう。

そもそも実話かどうかもやや疑わしいのですが、この小学生が喜びそうな家康にとっては「黒歴史」のエピソード、戦国時代にもしマスコミがいたら、事あるたびに取り上げたことでしょう。特にゴシップ好きが読むサブカル的なスポーツ新聞などからすると格好の「鉄板ネタ」です。

ひとたびネットで拡散してしまった情報は消すすべすら見つからないもので、これを「デジタルタトゥー」と呼びます。現代であれば家康のこの失敗は間違いなくデジタルタトゥーになっていたでしょう。

歴史上の人物は語り継がれるという意味において、すでにデジタル的な存在だったといえます。まさか徳川家康も450年後の赤の他人に、こんな恥ずかしい情報まで知られているとは想像などしなかったでしょう。他にも国は違いますが、同じ時代のイングランド王ヘンリー八世のラブレターなどはかなり恥ずかしい内容なのですが、歴史的価値の高い資料でもあるため2009年には一般公開され、世界中にさらされてしまいました。今後、歴史上の人物になる予定の読者の方は、くれぐれもプライバシーに関わる文章を不用意に残しておかないことをお勧めします。

そんな現代まで伝わる家康のデジタルタトゥー、この時代も事あるたびに「権力者をちゃかす格好のエピソード」としていちいち引用されたのではないでしょうか。このゴシップ報道に対し、家康はどんな対策を講じたのでしょうか。

徳川家康：広報、ちょっといいかな。

広報：はい。先日は小牧長久手《こまきながくて》の戦い、お疲れさまでした。快勝でしたね。

徳川家康：そのことなんだけどさ、いつもひねくれた記事ばっかり書いてくる『江戸スポーツ』の記者が、今回の戦と関係ない三方原の俺の粗相のこと蒸し返して書いてるんだけど、これクレームして取り消しさせてよ。「岡崎名物八丁味噌」とか、なんかうまいこと書かれちゃってるし。

広報：申し訳ありません。事実である以上、記事の訂正は難しいです。ここのところ戦続きで、ちょっとメディアとの関係がおろそかになっていたので、記者レクチャーをやって改めて関係構築することで、当方の懸念も理解いただくようにします。

徳川家康：記事取り消させようよ。もう『江戸スポーツ』には広告出さないって言えば、向こうもビビると思うよ。上から手を回そうか？

広報：いや、それをやるとかえってメディアとの関係が悪くなるので……。

徳川家康：でも、記事の訂正くらいさせられないと困るよ。広報だろ？　もう出禁にしちゃいなよ。

広報：これが間違いならまだ言えるのですが、相手には編集権というものがありまして。ある程度事実なので……。代わりに、フリージャーナリストのルイス・フロイスさんに小牧長久手について書いてもらえないか打診してみます。

ルイス・フロイスとは実在の人物で、ポルトガルのカトリックの司祭であり、戦国時代の日本について詳しい手記『日本史』を残しています。ここでは、この時代最も影響力のあるジャーナリストとして扱ってみました。

また、ここで「編集権」という耳慣れない言葉が出てきました。これはいわば「報道の自由」とほぼ同じ意味で、相手が権力者であろうが広告主であろうが、ニュースの編集内容については不可侵である、という権利です。

広報以外の方はご存じないケースが多いので、この項の最後に詳しく解説します。

■影響力のある記者に理解者になってもらう

今回のケースでは、どうやら家康が粗相をしてしまったという過去の話は事実であるため、そこを削除してください、のようなお願いは難しいでしょう。それよりも「なぜ、このゴシップを書くのか」の理解を深めるために、記者と会話をするほうが建設的です。家康に対して敵意を持っているから書いたのか、単に面白いから書いたのか。面白半分で書いているとすると、それが本人にとって深刻な問題であることを認識してもらう必要はあるでしょう。

一番いけないのは「出入り禁止だ」などと言って、問題のあるメディアと没交渉になってしまうことです。これでは、ますます関係が悪化するだけです。

記事を書かれる原因が分かったとして、次に取るべき手法の一つが現状認識のアップデートです。記者が安易に古い情報を繰り返し引用してくる原因の多くは、新しい情報がないため、その会社の現状を正しく理解していないことにあります。これは正しい情報という「動かぬ証拠」によって、メディアの見る目を変えられる場合もあります。

あとは、記者との関係構築をもう少し戦略的に考えることです。その業界で、専門性を備えた影響力のある記者が誰か分かっていれば（今回のケースではルイス・フロイスですが）、その記者に家康について正しい認識に立った記事を書いてもらえるよう徹底的にフォローします。すると、ルイスの家康に対する見方が少しずつ変わってきます。

ベストシナリオとしては、ルイスの記事を読んだ他のメディアも、その論調に引っ張られてトーンを変えてくれることです。しかし、仮に論調が変わらなかったとしても、ネガティブな報道に対して対抗する論調をつくることができれば一定の成果となります。片やゴシップ記事、片や最も影響力のある記者の記事となれば、家康にとって歓迎すべき論調が有望な選択肢として読者の前に提示されることになります。

記者との交流に限らず、自分が影響力を与えたいと思う相手であれば、常に顔を合わせる、声を聴く、ということも大切です。何だかベタなアプローチですが、人は近い存在の人と同調する傾向にあります。そのため、日頃から長い時間を記者と過ごすことが、実はマスコミ対策の最良の一手なのです。

自社の記事がネガティブだったり、扱いが小さかったりすると、つい感情的になってしまいます。しかし、よほどのことがない限り、記者は根拠なくそのような記事を書くことはありませんので、何がその記事が書かれる原因になったかを分解して理解することが大切です。そして、凡事《ぼんじ》徹底で正しい情報をアップデートし続けることが、ネガティブ記事の対策の第一歩となるでしょう。

なぜ記事の訂正はできないのか

この「記事の訂正」については、全国の広報の志士諸兄から、たびたび筆者のところにボヤキの声が届けられます。良い機会なので、ここではっきりとさせておくために、少し紙幅を使いたいと思います。

例えばある新聞に、自社製品についてあまり評価の良くない記事が出たとします。これに対し会社の幹部から「けしからん、広報はメディアに働きかけて訂正をさせよ」という指令が降ってくることがあります。三方原の戦いでの失敗を書かれ、腹を立てた家康がまさにそれです。

これは広報あるあるなのですが、結論としてはそのような訂正はできません。もちろん、20センチと書くべきところを20メートルと書いてあった、というような明らかな事実誤認は訂正を求めてよいと思いますが、それ以外の場合、まず訂正に応じてもらえることもなければ、抗議すること自体が非常識と思われてしまうかもしれません。

メディアの仕事は、飛び込んできた情報を右から左に流すだけではありません。メディアとしての独自の視点を持ち、それに沿って記事を書きます。これがメディアの力量であり、特色となります。これを「編集方針」や「論調」と呼び、メディアにとって最も尊い価値観でもあり、つまるところ「報道の自由」によって守られている権利なのです。全くの部外者である企業の広報が、こちらの都合で「記事を訂正してください」と言っても容易に受け入れてもらえないことが、ご理解いただけるでしょうか。

企業の商品紹介ならまだいいのですが、例えば時の政府が、自分たちの政策を批判するような記事を書いた新聞社に圧力をかけて報道を曲げようとした、といったケースを考えてみてください。こうなると「権力を監視する国民の知る権利」としての報道の自由が、干犯《かんぱん》されることになるわけです。

ここまで大ごとに考える必要はないと思いますが、マスコミの論調、編集権というものは、かように重いものを背負っているのです。

そうとは知らぬ経営者がやってしまうさらなる悪手として、「うちはオタクに広告を出しているんだから訂正しろ、さもなくば広告を止めるぞ」があります。

それなりに気骨のあるメディア、つまり一般的に影響力の高いメディアになればなるほど、編集方針を外部の影響から守るルールが厳密に存在しています。これが編集権といわれるもので、どれだけ大金を積んで広告出稿していようが、編集方針を曲げることはできません。なぜかと言うと、そのように独立性が維持されているからこそ、そのメディアは信頼できるということになるからです。

なお、本書で例に挙げてきました家康の三方原の戦いの後の「粗相」ですが、もしかすると、これはさすがに「プライバシーの侵害」としてマスコミにクレームを入れてもいいかもしれません。ただ、プライバシーの侵害と報道の自由というもののバランスはとても難しく、ここで一概に論ずることはできません。

家康の話、思わぬ深い話になってしまいました。

18

不良品大量発生で揺れる縄文の土偶メーカー

品質問題のコミュニケーション

筆者はメーカーの広報を何社かしておりました。言ってしまいますが、モノを作っている以上、大なり小なり品質問題というものはどのメーカーにもついて回ります。重大な品質問題になると、日本では経済産業省や消費者庁に届け出る義務があり、無償修理や自主回収などの措置を取ったり、場合によっては法的義務を負って、広く世の中に注意喚起したりしなければなりません。

■「受け手目線」が重要なネガティブな情報発信

ご想像の通り、こうした品質問題のコミュニケーションはとてもセンシティブです。コミュニケーションの相手はエンドユーザー、消費者庁などの監督官庁、社員、取り扱いの商社や販売店、さらにその原因に関与している可能性のあるサプライヤー、物流倉庫などなどです。言い回し一つで補償問題にも発展してしまいかねず、説明不足や事実誤認などがあろうものなら、一斉にマスコミのバッシング、ＳＮＳは大炎上となってしまいます。

慎重に事実確認をするのはいいのですが、すでに事故や告発が公になっているのであれば、あまりに遅い対応はそれ自体が批判の対象になってしまいます。かといって、拙速な発表はもっとNGです。

このように品質問題対応は、非常に高度なストーリー作りとも言えます。ポジティブなストーリーというものは、「発信側の思い」をどれだけ発露するかという点がポイントになります。それに対して品質問題のようなストーリーは、「受け手の思い」を主眼に考えねばなりません。プロモーション目的の時には気の利いた提案をいつも持ってくるPR代理店でも、こうしたケースは全く異なる経験値が求められるので、誰とワークするかも注意しなければなりません。

本来なら、ここで読者のみなさんもよく知る企業の実例で、どのような対応をすべきであったかを振り返りたいところです。しかし、私もまだ社会的に抹殺されたくありません。そこで、誰からもクレームが入らなそうな事例を、遠い過去から見つけて話をすることにしました。

それは縄文時代に作られた「土偶」です。

■ 出土する土偶はなぜみんな〝欠けて〟いるのか？

土偶とは、縄文時代の地層から発掘される、文字通り土で作られた人形です。有名なものとしては、青森県の亀ヶ岡石器時代遺跡から発掘された「遮光器土偶」があります。教科書にも載っていたのでご覧になったことがあるかと思いますが、特徴のある大きなゴーグルのような目をしていて、「宇宙人だったのでは？」などと想像を膨らませる方もいるようです。

土偶については多様な研究がなされ、宇宙人説はともかく、色々な仮説が立てられています。しかし、実際の用途も作られた経緯も、完全には解明されていません。

それをいいことに、筆者は土偶を専門に生産するメーカー「青森土偶社」が存在し、全国的に手広く販売をしていた、という架空の話を品質問題対応についての題材にしようと思います。

その姿がカワイイことから、全国的に人気となっている青森土偶。ところが、どうやら重大品質事故を起こしてしまったようです。何と、納品した土偶の足や手が簡単に欠けてしまうという問題が、フィールドでおきているのです。ちなみに、実際に出土する土偶のほとんどが割れたり欠けたりしています。これは呪詛《じゅそ》的な意味合いがあるのではないかといわれていますが、ここではそのような話は一旦お忘れください。

早速、重大品質問題会議がオンラインで緊急召集されたようです。

青森土偶 品質保証本部：みなさん、お集まりいただきありがとうございます。品質保証本部（品証本）のアシタカです。

青森土偶 社長：アシタカさんありがとう。みんな聞いてると思うけど、この問題は品証本、法務、広報の3人でコアチームになってもらい、すべてのコミュニケーションはここで統括するから、個々に動かないようにね。

青森土偶 営業：まずどの程度の数が出てるの？

青森土偶 品質保証本部：最終確認が必要ですが、最悪出荷したものほぼ全部になる可能性があります。

青森土偶 営業：……マジか。……原因は？

青森土偶 品質保証本部：今、問題を起こした個体を取り寄せ中です。戻り次第、大学の研究室にも助けてもらいながら解析します。

広報：あの……発表はどのタイミングで？

青森土偶 法務：基本的に生命財産の危険がある類いの問題ではないので、原因と対策が出てからでいいと思います。

青森土偶 営業：すぐに発表しないと、リコール隠しと批判されませんか？

サポート：いや、原因も分からないのに発表しても、コールセンターがパンクしちゃいますよ。そうなると一般の問い合わせにも対応できなくなり、意味がない上に会社全体のサービスレベルが低下しちゃいますので、それは避けてください。

青森土偶 品質保証本部：マスコミに知らせる前に、消費者庁とNITE（製品評価技術基盤機構）に言っておかないと、事後報告では官庁がヘソを曲げて面倒なことになります。

広報：では、そこはお任せします。並行して広報でプレスリリース、Q&Aの用意を進めます。その内容に沿って営業で販売店向けのレター、営業用Q&Aを作ってください。品証本さんにお願いですが、ベースになる情報として重大事故報告書のフォーマットに従って、状況をシェアいただけますか？

青森土偶 営業：販売店の店頭在庫品も、不良の可能性があるってことですよね？　販売店にも今から知らせないと！

青森土偶 品質保証本部：それも待ってください。販売店サイドから情報が出てしまっては、ただお客さまが不安になるだけです。まずは原因調査の結果を待ちましょう。原因が何かによって対象数も変わるので、発表のシナリオが変わってきますから。明日の午前には分かるはずなので、その時にまたこの会議を招集します。

青森土偶 営業：じゃあ明日までこの件はまだ現場に言わないでおきますが、長引きそうなら販売差し止めなどのお知らせだけでも出さないと。不良と分かっていて販売を続けるわけにいかないでしょう。

青森土偶 品質保証本部：理解しています。とにかく原因究明と、製造ロットのどこか特定のロット不良の可能性もあるので、精査します。

広報：法務から関係法規で気を付けたほうがいいことはありますか？

青森土偶 法務：原因次第ですが、土偶製造法、安全土偶マーク取得で不備がなかったか確認を進めておきます。

広報：安全土偶マークの適合認証の不備が不良原因だと最悪ですね。調べておいてください。くれぐれも、このメンバー内では隠し事はいっさいなしでお願いします。

正直このやり取りだけで、本を一冊書ける自信はありますが、品質問題の現場の緊張感がご理解いただけたと思いますので、これくらいでやめておきます。

■ 危機対応のチーム体制と対策テンプレートの準備

ここに示した「青森土偶社」の例は、これでもかなり練度の高い危機対応プロセスになっていると思います。こうしたケースに不慣れな組織では、想定外の事態で情報が錯綜《さくそう》してしまうものです。青森土偶社の場合、品質保証本部、法務、広報がコアチームとなって、それ以外の部署はサポートに回る、というルールがあらかじめ決められていたようです。

また、重大事故報告書というテンプレートが用意されており、これに従って情報を収集すれば、すべてのステークホルダーに対して説明が可能な情報を、1枚のドキュメントに集約できます。あとはこのドキュメントのバージョン管理をしていれば、後々情報が錯綜することがない、というわけです。

こうして集まった情報から、説明のストーリーが作られます。この時、比叡山のケースでも触れましたが、問題を「漏れなく、ダブりなく」整理するためのテンプレートを利用することが重要です。今回の土偶のケースでは以下のようになるのかと思います。

【事実関係】 いつ、どこで、どれくらいの土偶がどのように壊れたのか。誰からの申告で判明したのか。その際ユーザーの財産と身体に危険はなかったのか。例えば、割れた土偶の切断面で子供が手を切ったというような事象が起きていれば、販売・使用差し止め、回収という判断にもなります。ここの見極めを甘くしてしまうと、企業の責任を問われかねません。

【原因】 土偶が壊れた経緯。何らかの傾向性がある場合、真原因まで遡る。真原因とは、落として割れたということが表面上の原因だったとしても、落としただけで壊れてしまうことにも原因があり、それが素材の強度不足であれば、強度不足を招いた原因は何かなど、遡って探る本当の原因をいいます。

これは後々、色々な場面で責任問題をクリアにするために徹底して解明しておく必要があります。例えば、サプライヤーが提供した粘土の品質問題である場合、後日サプライヤーと補償交渉をすることも考えられるので、科学的な原因究明を行っておく必要があります。

また、ここでは「安全土偶マークの適合認証」という架空の法律を作ってみましたが、このような関係法規に違反したことが原因である場合、行政処分を受けることも覚悟しなければなりません。

【影響の範囲】 初期品質問題の場合、何体の土偶が対象となるのか。特定の時期、特定のサプライヤーの素材を使ったロットに集中するなどの傾向性はないかを確認します。これらを明らかにすることで、対象ロットでなければ、現在市場にある土偶は使い続けても安全と言える場合があります。また、販売店の在庫回収の判断にも関わってきます。

【対策】対象となる土偶の全数自主回収なのか、申告ベースで無料修理するだけか。対応は交換か修理か。場合によっては、被害に遭った方への見舞金のようなことも考える必要があります。このとき、対応にかかるコストを算出することも大切です。あまりに金額が膨らんでしまうので、つい対象の範囲を狭くしたり、全数回収ではなく申告制にしたりというように、コスト削減の方向になりがちです。しかし、本当にすべきことは何なのか、経営者としての決意が求められる場面です。

【再発防止】今後同じ事案の発生を防ぐための対策はどのように行うのか。ここも、真原因が分かった上でアクションを取ることが大事です。万が一、対策を取った後も同じような事案が発生すると、企業ブランドにとって致命傷になりかねません。

【謝罪】本件で被害を受けたユーザー、販売店等関係者への謝罪を行う。

■　批判を恐れず注意喚起にメディアの協力を仰ぐ姿勢で

このような骨子をマスターとして、監督官庁に対してであれば届け出の形式があるでしょうし、プレスリリースと販売店向けのレターでは多少体裁が異なります。コールセンターなどでは、Q＆A形式にしておく必要もあるでしょう。

また、社員がニュースを見て初めて知った、となることは避けたいので、しかるべきタイミングで社内に対するコミュニケーションもプランに入れておくべきでしょう。ただし、チャットの中にもあったように、早めに情報を展開してしまうと、それだけリークされるリスクが発生してしまうので、直前のお知らせとすべきでしょう。

ちなみに、原因と対策の決定に時間がかかる場合、発表だけでも先にしてしまったほうが良い、という判断もあります。特に、使い続けることに危険が伴うような場合です。

一方で、そこまでの緊急性がない場合、原因も分からず、対策も決まっていないうちに公表してしまうと、ただお客さまを混乱させるだけになってしまいます。その結果、実際にはごく僅かな影響範囲だったにもかかわらず会社への問い合わせが殺到し、会社の本来のオペレーションに支障を来してしまうことにもなりかねません。

チャットの中にも出てきますが、不良品を買ってしまった方もお客さま、通常の商品を買った方もお客さまです。緊急性によりますが、すべてのお客さまへのサービスレベルを最適にするにはどういった対応が正解なのか、ここは非常に難しい判断になります。

また、こういうケースで肝心なのは、誰かが勝手にメッセージをアレンジして、バリエーションを増やしたりしないことです。常に会社全体として「ワンボイスのストーリー」を徹底させなくてはなりません。

こうしてテンプレートに沿った準備ができれば、マスコミもそこまで荒れないでしょう。どうもテレビなどの「謝罪会見」を見ると、マスコミがいきなりけんか腰でつっかかってくるように思えるかもしれませんが、意外と取材は冷静なものです。相手が必要とする情報を、こちらがそろえておきさえすれば、淡々と終わってしまうこともあります。

広報がマスコミの批判を恐れるあまり、肝心の利用者の安全をおろそかにしてはなりません。品質問題を広報する目的は、利用者への安全情報の提供です。従ってマスコミにはむしろ「注意喚起に協力いただきたい」くらいのスタンスで臨むべきなのです。

あのテレビでよく見る紛糾した記者会見は、そもそも事実を隠そうとするかのような態度が見受けられた、次々と都合の悪い事実が発覚した、会社としての態度が好ましくない、というようなことなのかと思います。

当初と違う原因であることが分かりました、影響の範囲はもっと大きいことが分かりました、というように、初動の説明と食い違う説明をせざるを得ない場合もあるでしょう。そのときも、とにかく透明性を持った説明で対応すれば、そこまでマスコミはヒートアップしないのではないかと思います。

それにしても、土偶はなぜ欠けているのでしょうか。

19

バレバレだった武田信玄の死

お見舞いに来たがる迷惑な北条氏

広報、ＰＲの基本はいかに「情報を拡散させるか」でしょう。しかし、情報戦略というのは時に「情報統制」も必要です。一番分かりやすい例は、新製品の情報などですね。新製品の情報が事前リークしてしまっては興ざめなだけでなく、新型が出るまでの間、買い控えなどが発生するビジネスインパクトも出てしまいます。

しかし、この情報の内部統制というのは、会社によって徹底のされ方がまちまちなのではないでしょうか。甘い内部統制がどのようなリスクをはらんでいるのか、日本史史上における〝最大の隠し事〟と言ってもよい、あのことを例に考えてみたいと思います。

■カリスマ経営の武田家が抱えていたリスクが現実に

ＪＲ甲府駅を降りると、巨大な武田信玄の銅像が甲府の町を見下ろすように鎮座しています。そのイカツイ表情は、いかにも猛将という風体で、戦国武将の中でも最強といわれた人物にふさわしい威厳を感じます。

武田信玄のいた甲斐国は、南には実力者の今川義元、北にはライバルの上杉謙信、西にはかの織田信長というなかなか強烈な状況下にありました。信玄は、それでもなおその勢力を拡大させようという野心を抱いていた、まさに戦国時代を激アツにさせた中心人物の一人でした。

しかし、そんな戦国最強の男は、徳川家康を完膚なきまでにたたいた「三方原の戦い」（1573年）の帰路で、何と突然他界してしまいます。1521年とされる生年からすると52歳。平均寿命の短かった時代とはいえ、早世だったのではないかと思います。持病で結核を患っていた、日本住血吸虫症だったなど、死因は諸説ありはっきりしていないようです。

いずれにしても、絶対的なカリスマ当主の突然の死に周囲がうろたえたことは想像に難くありません。後継者の武田勝頼は、さぞかし心細かったのではないかと思います。

これは他人事ではなく、現代でもカリスマ経営者といわれる（別な言い方として「ワンマン経営者」とも）スタイルの企業は、同じリスクを抱えています。

後世に書かれた伝記『甲陽軍鑑』によると、信玄は遺言を残していたとされ、その中身は有名な「死後3年間はその死を隠し通せ」というものでした。いわば、消極的ながらも対外コミュニケーションでこのピンチを乗り切ろうというのが、名将信玄の最後の大作戦だったというわけです。

冒頭で述べた通り広報とは、会社が一定の情報開示の責任を果たすための仕事、という考えは比較的理解しやすいでしょう。しかし、「余計な情報を社外に出さない」ための「情報統制」の司令塔という機能も広報の隠れた、しかし大事な仕事です。広報が主導して、一定の情報統制の基準を設けておくことでガバナンスが行き届きます。

ちなみに現代の企業では、経営者の死亡は経営に少なからぬ影響を与える事案と思われますので、速やかにその事実を株主やステークホルダーに、経営上のリスクとして知らせることが求められます。

しかし、この時代にそのような考えはありませんし、敵対する大名から見ると、やっかいな武田信玄が死んだと分かれば、甲斐国との関係を見直す、場合によってはこの時とばかりに攻め込んでくる可能性もあります。隠せるものは隠しておこうというのは賢明な選択です。

武田勝頼はこの件をどのように隠し続けたのでしょうか。いや、全然隠せていなかったようです。

武田勝頼：オヤジが亡くなったこと、うまく隠せているか？　何か問い合わせが入ってきているか？

広報：はい。各大名やマスコミから問い合わせが来ています。事前の打ち合わせ通り「お屋形様は隠居なさってご健在」という回答を行っています。その件で、何点かご相談があります。

武田勝頼：何だ？

広報：北条氏政殿がしつこくお見舞いに来たいと言ってきていまして……。恐らく安否の確認に来るものと思われます。ここは事前打ち合わせの通り、信玄公の弟、信廉殿を影武者として対応いただくのが良いかと思います。

武田勝頼：その方法でいこう。しかし、何で知ってるんだ？

広報：あの、そもそも勝頼様はどなたとどなたにこの件をお話しされたのですか？

武田勝頼：主だった側近には知っておいてもらっている。

広報：業務の都合上、どうしても知るべき人にのみお伝えすべきであったのでは。

武田勝頼：それでは不公平だし、第一知らせないと気分を害する人もいるだろう。

広報：そもそも当家は社員に情報管理のトレーニングを実施しているのでしょうか。

武田勝頼：そんなことしなくても、常識で判断できるだろう。

広報：でも実際、情報は漏れております……。

武田勝頼は、遺言通り信玄の葬儀は行わず、一応、その死をごまかそうと努めていたようです。しかしそんな折、チャットの中に登場する北条氏政がＫＹ（空気が読めない）なことに、信玄のお見舞いに来たがってだいぶウザかったようです。

この時は、信玄の実弟信廉《のぶかど》が影武者として対応しています。武田家的には何とかしのいだつもりでいたようですが、そもそも11歳も年下の弟が影武者だった時点で、バレバレだったのではないかと思います。

むしろ「だまされたふりをしていた」北条側のほうが情報戦としては上手で、使いの板部岡江雪斎《いたべおかこうせつさい》は、その場こそダマされたふりをしますが、早速そのことを北条氏政に報告しています。そして、信玄の死を確信した北条氏政は、上杉謙信らにペラペラとしゃべっていたようで、それが人から人へと伝わり、信玄の死はあっという間に多くの戦国大名の知るところとなっていたようです。

そのことを武田勝頼が知っていたのかどうか、もしかすると勝頼は、だましたつもりで、だまされていたのかもしれません。

■「内緒話」は人類が生まれながらにして持つ本能？

ここに出てくるのはいわば「語るべきではないストーリー」です。しかし、どうして機密情報というものは漏れてしまうのでしょうか。

人間の本質として「言うな」と言われたことほど言いたくなるものです。これは「情報はパワーであるから」だと筆者は思っています。秘密を知っている人は、それを知らない人よりも情報という意味で上位に立てるので、その優越感のようなものが、「ねえねえ知ってる？」とつい言いたくなる気分に人をさせるのです。

一方、秘密があると知りながらもそれを教えてもらえない人は、「何で自分は教えてもらえないんだ」と不満を持ちます。これは、情報という分け前を自分はもらえなかった、自分はこのコミュニティーで重要視してもらえていない、という不満につながるためだと筆者は思います。従って情報リークは、得てして仲良しの組織で起こりやすいと言えます。「おまえのことは信頼している」「これはおまえだけには教えてやる」というように、一種の親密さを示すツールとして機密情報を使ってしまうのです。

本書で繰り返し述べたいことなのですが、人間というものはストーリーを語る本能を持っていると筆者は考えます。そして、人に何かを伝えたいというこの原始的な衝動は、話してはならない秘密の情報になればなるほど、強いものになるのです。内緒話をすることは、人類が持つ本能の一つなのではないでしょうか。これを友達同士の噂話でやっているうちは、さしたる実害もないのかと思いますが、企業の機密情報でも同じようなことが行われるのは、いただけません。

広報という職業は、未発表の機密情報を日常的に扱う部署です。例えば、社員の不祥事疑惑のようなプライバシーにも関わる情報、企業買収や社長交代のような経営上の重大情報を、どのように管理しているのでしょうか。

このような場合、まず情報の管理責任者を決めておき、すべてはその人の指示の下にコントロールします。そして、情報の重要度に応じて共有すべき範囲を規定します。比較的緩やかな情報は、社員であればアクセスしてよい。これは最悪の場合、社外に漏れたとしても（漏らしてよいという意味ではありません）ダメージがあまりないものです。

最も厳しい情報については、誰と誰が知っているというリストを作って、その人たちは許可なく他人に情報を展開しない、という誓約を取ることです。この段階で、情報開示を受けた側も「もし情報がリークしたら疑われるのは自分だ」というプレッシャーを感じることになります。

業務上知っておくべき人が追加される場合は、情報責任者の許可において、リストへ追加しながら開示していく、という方法を取ります。開示を受けたメンバーが、自己判断で他人に情報を展開してはならない点を徹底しておきます。

情報統制というと、何だか後ろ向きな、人間不信のようなイメージがあるかもしれませんが、これは企業のガバナンスにとってとても重要なことです。

さて、これらの点から見ると、武田勝頼はどうだったのでしょうか。今回は、結構周りの人に気を使って全部しゃべってしまった、という設定を採用しています。上記でいう「おまえのことは信頼しているから話すけど、人には言うなよ」のパターンですね。

結局、信玄の死を隠し通すという欺瞞《ぎまん》作戦は失敗に終わり、それが武田家を危険にさらすことになります。信玄がいないことが知られると、武田家と周辺の大名のパワーバランスに変化が見られるようになります。1575年、武田家に圧力をかけてきた織田信長、徳川家康におびき出されるようにして開戦した「長篠の戦い」で、勝頼率いる武田軍は大敗し、武田家は滅亡へと向かうことになるのです。

長篠の戦いは、信玄の死から2年後でした。もし信玄の死を遺言通り隠し通せていたら「長篠の戦い」は起こらず、日本史は変わっていたのかもしれません。

第3章

時空を超えたPRの天才たち

20

『少年ジャンプ』の主人公のような上杉謙信

好敵手との関係で価値を向上

ここからは、「時空を超えたPRの天才たち」というテーマに移り、信長、秀吉、家康のように、日本の歴史を変えてきた大きな実績がある人物とは違ったタイプの人物を中心に話を進めていきます。

上杉謙信、真田幸村、伊達政宗、宮本武蔵など、現代でこそ人気の人物たちですが、彼らが活躍した時代のNHKニュースを見ても、せいぜい関東甲信越ローカル枠で取り上げられるのが精いっぱいの、まああの人物でした。それでも彼らの人気が現代でも高いのは、ある意味「PRの天才」だったからとも言えます。

ストーリーテリングにはいくつかの形式があります。ここでは、目的に応じてその型を巧みに使って語られた彼らの物語から、現代のビジネスへのヒントを見つけ出してみましょう。1人目は毘沙門天の生まれ変わりと、いきなり〝厨二病感〟の強い上杉謙信です。

■上杉謙信のストーリーを輝かせる「友情・努力・勝利」

「好きな戦国武将ランキング」のようなワードでネット検索をかけると、織田信長、豊臣秀吉、武田信玄などとともに、ランキング上位に必ず上がってくるのが上杉謙信です。しかし、天下統一の主人公であった信長、秀吉、さらに後の天下人となる家康や有名な合戦を行った信玄に比べると、上杉謙信は歴史の転換点となるような大きなイベントに参加し、活躍した印象はありません。

それでも上杉謙信が好感度上位に入ってくるので理由を調べてみると、「人格者」「義の人」などのキーワードが出てきます。実際、謙信にはその人格を伝えるエピソードが今日も多く残っています。ここで紹介する「敵に塩を送る」もその一つです。

ストーリー、エピソードというものは、何らかの「型」のようなものがあります。とりわけ人の心を打つ「ヒーローもの」には、黄金のパターンがあります。これを完成型にしたのが集英社の『週刊少年ジャンプ』ではないかと筆者は思っています。実は上杉謙信の「義の人」というイメージは、この少年ジャンプの黄金律にいくつか類似点があります。

ここでは、武将はもとより明日を夢見る多くの足軽たちにも愛読されている『週刊戦国ジャンプ』の編集者と、新人マンガ家の謙信による架空の打ち合わせを題材にしながら、少年ジャンプと上杉謙信の類似点について考えてみましょう。ちなみに上杉謙信、という名前を名乗るようになったのはこの時期よりも後と見られていますが、ここでは便宜的に上杉謙信としています。

編集者

謙信さん、さきほどネーム（漫画の下書きのようなもの）を拝見しました。だいぶ良くなってきましたね。ご自身の体験に基づく話とはいえ、ストーリー作りは大事ですからね。

上杉謙信

はい、前回の打ち合わせで、武田信玄とのライバル関係から友情が生まれる、という点をもっと前面に打ち出すようアドバイスをいただいたので。

編集者

そうそう、うちの誌面の黄金律として「友情・努力・勝利」っていうのがあるので、そのパターンでまとめてもらうとよくなると思うよ。

上杉謙信

友情・努力・勝利、ですか。

編集者

それでいうと、ライバルの武田信玄に「塩を送る」っていうエピソードがすごくいいね。

上杉謙信

はい。川中島の対決が決着していないんで「おまえ、俺との決着がついてないのに、塩がないくらいで死ぬんじゃねえよ！」っていう思いで塩を送りました。

編集者

そのライバル心がありながらも、友情を示すところが最高！

上杉謙信

次は信玄のヤツに勝ちたいと思って、訓練して川中島に行くんですが、相手も結構強くなってくるんですよね。

編集者

まさに努力だね。それで、最後は謙信が困っていると聞いて信玄が助けに来て、2人で信長を倒すとか？

上杉謙信

そこのエンディングはまだ迷っているんです。2人の決着がつかないまま、信玄が死んじゃうパターンもいいかな、なんて。

編集者

う～ん。ちょっと『あしたのジョー』とか『タッチ』みたいで、ジャンプっぽくないなあ……。

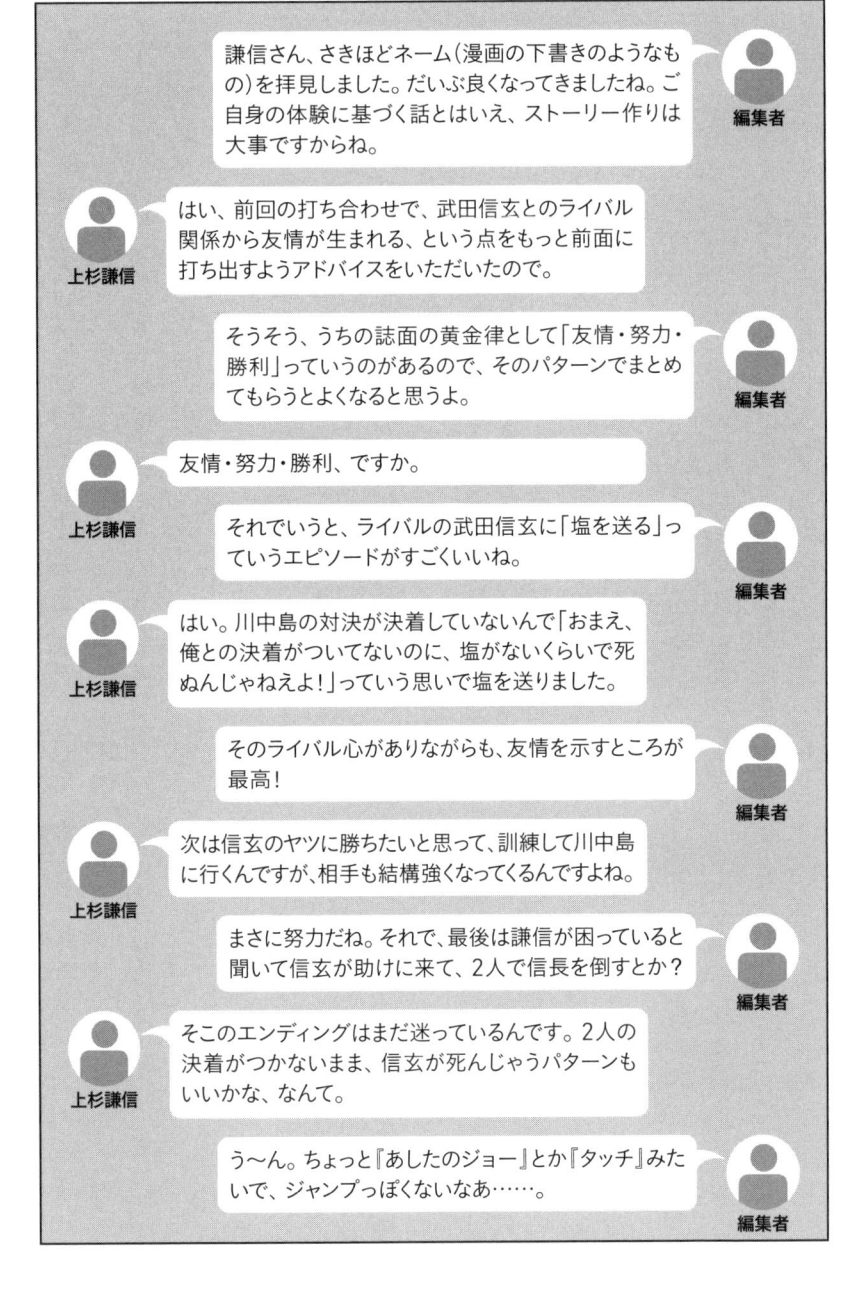

人はなぜ物語を欲するのでしょうか。それは物語のヒーローの行動に自分を重ね合わせて追体験したい、という願望なのかもしれません。

『キャプテン翼』『ONE PIECE（ワンピース）』『鬼滅の刃』など、少年ジャンプの傑作に共通する「友情・努力・勝利」というコンセプトの物語は、どれもライバルたちとの前向きで明るい戦いや競い合いと、そこから生まれる友情、やがてライバルたちが仲間に加わって大きな敵に勝利する、という力強いストーリーです。これらを読んだ読者は、自分も物語のライバル同士の緊張感を味わい、やがてそこから生まれる友情に共感し、最後の勝利を共に喜び合えるという、最高のエンターテインメントです。

我々の知る上杉謙信は、やはり武田信玄とのライバル関係を抜きには語ることはできない、極めてジャンプ的な人物です。

ちなみに、これを話すとしらけてしまうのですが、「謙信は本当に敵に塩を送ったのか？」と言われると、後世の創作である可能性も高いようです。しかし、後世の人も戦国というすさみきった時代、1人くらいは自分の利益よりも義のため、ライバルとの友情のために行動する武将がいたのではないか、いてほしい、と期待していたのではないかと思います。こうした背景があって、「敵に塩を送る」というストーリーが生まれたのかもしれません。

そもそも武田信玄は甲斐国、上杉謙信は越後国を治めていた武将で、今の長野県のあたりでたびたび衝突を繰り返していました。有名な「川中島の戦い」ですね。1553年に始まった川中島の戦いは、その後何度となく繰り返されますが、実力の拮抗した両陣営は決着がつきません。この間、お互いの実力を認め合うようなエピソードがちらほらあり、そして1568年にくだんの「塩事件」が発生します。

どういった事情で謙信は信玄に塩を送ったかと言いますと、内陸国であった信玄の治める甲斐国は、人間が生きるために必要な塩を駿河国からの輸入に頼っていました。ところが駿河国を治める今川との関係が悪化したため、塩を禁輸されてしまうのです。

本来であれば、ここで武田氏が自滅してくれればしめしめ、と思うのが仁義なき戦国時代の常識です。しかし、謙信はライバルが困っているのにその弱みに乗じず、むしろそれを助けるという「少年ジャンプの原型」を地でいったのです。

と、ここで話を終わらせてもいいのですが、もう少しかみ砕いてこの「ジャンプ的な謙信のストーリー」をビジネスに応用することを考えてみたいと思います。

対決構造というストーリーはビジネスを活性化する

謙信がこのように義の武将と称賛されるに至るには、実は「塩を送った」という善なる行いも大切ですが、それよりもライバル関係が重要であると考えます。ライバル関係が濃密で苛烈であればあるほど、その間に芽生えた友情の価値が高いからです。信玄、謙信が共に「好きな戦国武将ランキング」で上位に食い込んでいるのは、このライバル関係が少なからずプラスに作用しているからといえます。

企業や商品の広報においても、時に「良きライバル」は相乗効果をもたらすことがあります。クリーンでフェアな競争をしている両社というのは、企業のレピュテーション（評判）という点で必ずプラスの効果があるでしょう。例えるなら、グーグル対アップル、ポルシェ対フェラーリ、富士通対NEC、「きのこの山」対「たけのこの里」などでしょうか。最後は同じ企業内で恣意的につくられた対立構造ですが、これもライバル関係をあおることで話題を創出できるということの証明でもありますね。

ただ、ライバルとのストーリーを形にするのは、少々これまで本書で書いてきたストーリーテリングと異なります。まず当たり前ですが、良きライバルとして互いに切磋琢磨し、互いの競い合いが、ユーザーにとっても好ましい製品やサービスの改善につながっていることがポイントです。

次に、情報発信については自社でもライバルでもない第三者視点の「語り手」が必要です。この「語り手」に相当するのがメディアです。自社、ライバル社、語り手であるメディア、こうした3要素がそろって初めて「ジャンプ的」ストーリーを作ることができるのです。それができるのは、唯一広報という立場です。

■ヤマハが同業他社の買収に乗り出した理由がカッコ良過ぎ

ライバルの出現により、自社をジャンプ的なストーリーに乗せることができました。しかし。このストーリーをよりジャンプ的なものに完結させるには、どちらかの企業が塩を止められるような窮地に陥り、そこに手を差し伸べるエピソードが欲しいところです。ただ、現実にそこまでの関係はあまり見かけないのですが、最後に一つの例をご紹介します。

ヤマハという楽器メーカーがあります。静岡県浜松市にある同社の企業ミュージアムへ行くと、そこに「ベーゼンドルファー」という名前の一際目を引く美しいピアノが置いてあります。ベーゼンドルファーは、オーストリアのウィーンに拠点を構えるピアノメーカー。職人芸によって作られるその製品は「世界3大ピアノ」の一角を占め、もはや芸術品と言っていいほどで、多くの世界的奏者の信用を獲得してきました。

しかし、そうしたこだわりの職人芸は、時代の変化とともに企業経営において非効率と見なされることが多々あります。同社もご多分に漏れず、経営危機に陥ってしまいました。

そこで買収という形で支援の手を差し伸べたのがヤマハでした。いわゆる同業他社の買収なので、通常であればベーゼンドルファーのブランド名を冠した、実は中身がヤマハ製のピアノを販売したり、逆にベーゼンドルファー製のピアノをヤマハブランドとして販売したりしそうなものですが、ヤマハはそのいずれもやろうとしませんでした。

「ヤマハは音楽を守りたかったのです」

私がミュージアムを訪れた際、案内してくださった方が控えめにこう話してくれました。そこで感激した筆者が、

「まるでジャンプですね！」

と言うと、（この人、何を言ってるんだ……？）みたいな、ポカーンとした顔をされてしまいました。ですが、これはもうジャンプであり、上杉謙信ですね。

確かにベーゼンドルファーとヤマハとは少しターゲットが違うのですが、「ベーゼンドルファーの音を守る」というヤマハの判断は、純粋に経営的な判断からすると、果たして正解だったかどうか議論があってもおかしくないところです。それでもベーゼンドルファーの条件をのんだ結果、ヤマハという会社が音楽を深く愛する「義の企業」として、一段と高い評価を獲得することに貢献したのではないでしょうか。

ヤマハミュージアム「イノベーションロード」は入場無料。展示してある楽器は試奏もできるそうなので、音楽ファンなら、一度訪れてみてはどうでしょうか。そこにある1台のピアノが、この胸を熱くするストーリーを雄弁に物語っています。

21

真田幸村のとがりまくったメッセージ

「挑戦者」というブランドストーリー

関ケ原の戦いを終え、世の趨勢は徳川に傾きかけた頃、ようやく戦国の表舞台に出てきた武将が真田幸村です。真田幸村は江戸時代以降もずっと人気のある武将で、そのエピソードは講談や芝居の演目になっているほか、現代では『真田十勇士』は柴田錬三郎や笹沢左保などの時代小説にもなり、昨今は大河ドラマや戦国ゲームのキャラとしても人気者です。

意外かもしれませんが、真田幸村はメジャーな戦で手柄を立てていません。関ケ原以前の秀吉の治世で、そこそこの役職をもらっていたのですが、私たちが歴史の授業で習うような戦での功績はありません。本格デビューだった関ケ原の戦いでは西軍に付き、地元の上田城で徳川秀忠の軍とやり合ったものの、ご存じの通り関ケ原の本戦は、徳川率いる東軍の勝利に終わっています。

その後、徳川と豊臣の争いは場所を大坂に移し、大坂冬の陣、夏の陣と続きますが、これもご存じの通り豊臣方の敗北となり、幸村もこの戦いで落命しています。にもかかわらず、後世にこれだけの人気者になりました。ちょっと不思議ですね。

本書の「はじめに」でも書きましたが、歴史の教科書で習う史実上の存在感よりも、こうした歴史物語の上で存在感の強い人物こそ、ストーリーテリングを考える上でヒントになる要素を背負っているものです。

■「捨てる覚悟」がなければブランディングにならない

実は真田幸村は、ストーリー起点の実にうまいブランディングをしています。そのことが、後世の芝居やゲームキャラとして人気を博すことになろうとは、夢にも思っていなかったと思いますが。

そのストーリーの一つが、幸村の家紋「六文銭」です。通常家紋とは縁起を担いだり、家柄の正統性を示したりする、ポジティブな由来があるのが普通です。しかし、この六文銭は「三途《さんず》の川の渡し賃」が六文らしい（筆者もまだ三途の川を渡ったことがないので確かめていませんが）ので、その六文銭を家紋にしたのです。これはすなわち、「自分たちはいつでも死ぬ覚悟ができているぞ」というアピールでした。

この時代の武士というのは、比喩でなく文字通り死と隣り合わせの職業ですから、通常死を想起させるものは縁起を担いで遠ざけるものです。それをわざわざ家紋にするのは、「ヤバいやつ認定」をあえて狙ったストーリーと言えます。相手の武将からすると、最初から死ぬ気でいる相手ほど不気味な者はいなかったでしょう。そもそもこの人は正常なのか。少々のことで、和議や調停には応じないのではないか。どう考えても、絡みたくないヤバい相手です。

ブランド戦略というのは、ロゴやデザインの体裁を整えればよいかというと、全くそんなことはありません。特に真田家のように〝とがったブランド〟を目指すのであれば、ブランドとして何かを捨てる覚悟が必要です。

例えば、こってりスープが売りのラーメン店が「あっさり醤油《しょうゆ》もあるよ」というアピールをすることは、来店者の幅を広げるためには良いと思いますが、お店としての特色がブレてしまいます。特に「評判の行列店」のようなポジションを目指すのであれば、何かとがったものに全振りすることが必要です。

メジャーな戦歴のない真田幸村がイメージアップを図るため、広報にブランディングの相談を持ち掛けたようです……。

真田幸村：広報ちょっといいかな？

広報：はい。もしかして『慶長19年版戦国名鑑』のことでしょうか。

真田幸村：その通り。格付けが「B−（今後あまり活躍が期待できない武将）」ってどういうこと？

広報：関ケ原の戦いでもあまりメジャーな活躍ができなかった上、いまだに豊臣側ということが主なマイナス評価点と聞いております。

真田幸村：やっぱり、清和源氏の子孫とか名乗ったほうがいいのかな？

広報：いえ。清和源氏はレッドオーシャン化しており、後発で我々がブランディングしても、大手の徳川や名門の毛利などには太刀打ちできないと思います。ここは真田ブランドとして定着している「六文銭」メッセージへの回帰がよろしいかと。

真田幸村：あの三途の川を想起させる六文銭のデザインは、好感度が下がらない？

広報：いえ。その点を逆に利用してはと思います。武将としてのコアコンピタンスである「死を恐れない」という点に特化したブランド確立を目指します。特に巨大な敵である徳川家に対し、ひるまない姿勢で周囲の支持を獲得します。

真田幸村：鎧（よろい）の色を戦いのたびに変えて、物販サイトも立ち上げよう。

広報：いえ。ブランドカラーは統一しないとコミュニケーション効率が悪くなります。あと、総花的に好感度を求める必要はないと思います。

真田幸村：パワポのテンプレートも作る？　名刺も裏が7色の六文銭のパターンがあって社員が自由に選べるとか……あとグッズ展開も。

広報：いえ。六文銭を用いるのは戦の時に限定します。これにより「真田が六文銭を掲げた」ということ自体で、マスコミの注目を集められます。

真田幸村：なるほどね！　なんか否定ばっかりだね！

■王道を避け、とがった方向に舵《かじ》を切る

かわいそうに、真田幸村はせっかくのアイデアを広報にことごとく否定されてしまいました。しかし、トップの考えにおもねらず、広報としての見解をしっかり述べることは、結果的にトップを助けることになりますので、この態度は見習いたいところです。

チャットの通り、本来武家のブランディングの王道は「由緒ある家柄」であることです。しかし、「源氏の血筋の……」と名乗ったところで、もうこの時期になるとフェイクも含めて武家界隈《かいわい》は源氏の子孫だらけで、全く差別化できません。そもそも、これまであまり注目されてこなかった武将が、こうした王道のブランディングをしたところで、有力大名の間ではかすんでしまいます。

その点「絡みたくないヤバい軍団」というのはとがっていますし、敵になるにせよ味方にするにしろ、戦闘集団としてはなかなかインパクトのあるブランドメッセージです。

真田幸村はその後も芝居や小説になって、現代にまで語り継がれています。昭和世代の方であれば『真田十勇士』をNHKの人形劇で見た、という方がいるかもしれません。後世の芝居や講談を楽しんでいた人の多くは、経済的にも社会的にも決して恵まれているとはいえない庶民でした。その人たちにとって、小規模な軍勢であったにもかかわらずジャイアントキリングに挑んだ真田幸村は「権威への挑戦者」であり、自分を無意識に重ね合わせてみたくなる英雄です。

この点でも、思い切って「捨てるストーリー」を決めたことが、真田ブランドにとってプラスに作用し

ました。フルラインアップで商品をそろえ、シェアがトップでビジネスも順調な会社を羨ましいと思う半面、ブランディング的には当たり障りのない総花的なメッセージしか出せないものです。ブランドストーリーを語るという点では、少し欠けている要素があったほうがやりやすいのです。

真田幸村のストーリーは、現代のスタートアップにも共通するブランドストーリーの一つのパターンと言えます。現在は世界的大企業となったアップルやマイクロソフトも、1970年代の米国のカウンターカルチャー時代に誕生しました。自由な空気を好み、権力におもねらない若者たちにとって、コンピューターという新しい道具もまた、既存の大企業から解放されるための道具であるべき、と考えました。

しかし面白いもので、このように若者たちの解放者のように歓迎された西海岸のテック企業も、成長とともにそのポジションが変わっていきます。マイクロソフトもアップルも、今では時価総額世界一を争う超優良企業になりましたが、かつてのような若者の解放者というブランドではなくなってしまいました。

真田幸村も大成功して征夷大将軍にでもなっていたら、今のようにゲームの人気キャラにはなっていないのだと思います。どこまでとがり続けられるか、またとがり続けるべきなのか、これは企業のブランディングにとって、とても難しい課題ですね。

22

伊達政宗はなぜカッコ良かったのか

ファッションは人物を語るストーリー

実は筆者はＩＴ業界の住人でありながら、あまりゲームに関心がなく、歴史もののゲームといいますと『平安京エイリアン』が最初にして最後のタイトルのような気がします。最近では、戦国武将やその武具をイケメンキャラクター化したゲームが大変な人気になっているらしいですね。

そのゲームに出てくる戦国武将で、間違いなくトップクラスの人気を誇るのが伊達政宗です。刀のつばをあしらったカッコイイ眼帯と「独眼竜」というニックネーム、大きな三日月形の前立ての兜《かぶと》は、低い枝の下を通るときはちょっと不便そうですが、やはりカッコイイです。時代劇でも、伊達政宗役は間違いなくイケメン俳優がキャスティングされます。とにかく伊達政宗はカッコイイのです。

一方「伊達政宗って、何した人だっけ？」と思い返すと、正直、具体的なエピソードはなかなか思い出せないのではないでしょうか。上杉謙信の回でも同じことを書いた記憶があるのですが、伊達政宗の「何した人だっけ感」は上杉謙信どころではありません。

上杉謙信が「義の人」として後世に評価されたことに対し、伊達政宗の加点ポイントといえば、ただひたすら「カッコ良かった」ではないかと思います。といっても、これは緻密なコミュニケーション戦略であったという解釈もできます。

■ 案外ポンコツだった伊達政宗

伊達政宗が父親から家督を相続したのは1584年。世間では秀吉と家康による「小牧長久手の戦い」が行われた年で、織田信長なき後の権力が、豊臣秀吉へと移る過渡期でした。

しかし、この頃の政宗は東北地方でイキリ散らして勢力を伸ばし、ピーク時には100万石を超える収入を得ていたものの、中央の権力争いのビッグウエーブには何の爪痕も残していません。そんな、何となく生きてきた政宗が現代でも人気なのは一体なぜなのでしょう。なぜ〝イケメン枠〟なのでしょうか。持たざる者の側の筆者としては、非常に気になります。

しかも、その後伊達家は何回かやらかしてしまいます。小田原征伐では遅刻しました。葛西大崎一揆では一揆を平定したかに見えたのですが、実はこの一揆は政宗自身が首謀者だったいわば「やらせ」が発覚してしまいます。その結果、石高は58万石にまでダウンし、豊臣秀吉からの覚えがよろしくなかったというのも想像に難くありません。

このような悪い流れの中で、政宗は朝鮮出兵（文禄の役）に参加することになりました。そこで伊達家としては、何とか豊臣秀吉からの信頼を回復すべく一計を案じます。

それは「伊達軍団カッコイイ大作戦」でした。

朝鮮出兵の際、伊達政宗軍の服装があまりにもカッコ良かったことから、カッコイイ男のことを「伊達男」というようになったとされています。『成実記』という文献によると、この時の伊達軍は金の日の丸の旗、足軽の具足にも金の星マーク、頭には金色の笠、銀色の脇差を差していました。要するに、派手でカッコ良かったのです。

しかし、ちょっと現実を考えると、戦闘のための防具や武器は実用面での機能を果たしさえすれば何でもいいはずです。ただでさえ出費のかさむ海外遠征ですから、そこでカッコイイという理由だけで武具を新調したのでは、会社の購買や経理からしたら、何でそんな無駄なことをするんだ、と突っ込まざるを得ないでしょう。

このような管理部門の至極まっとうなツッコミというのは、会社の宣伝や広報に携わる人間であれば、一度ならず経験していることではないでしょうか。

どうやら購買部門から広報に、経費に関して問い合わせのチャットが飛んできました。それを広報はうまくかわせるのでしょうか……。

伊達家購買：こんにちは。伊達家購買です。ちょっと今上がっている甲冑（かっちゅう）の申請書について質問です。

広報：はい。何でしょう。

伊達家購買：現在使用中の甲冑が、まだ減価償却が終わっていません。購買規定で基本的に甲冑の償却期間は4年なので、現在のものを使うわけにはいかないのでしょうか。

広報：購買さんは、今日はどんな服装ですか？

伊達家購買：は？

広報：どんな服装ですか？

伊達家購買：白いワンピースですが。

広報：あ、その白いワンピースと同じの私も持ってます！

伊達家購買：え、そうなんですか？

広報：今、どんな気持ちでした？

伊達家購買：は？　さっきから何を言っているんですか？

広報：今どんな気持ちでした？

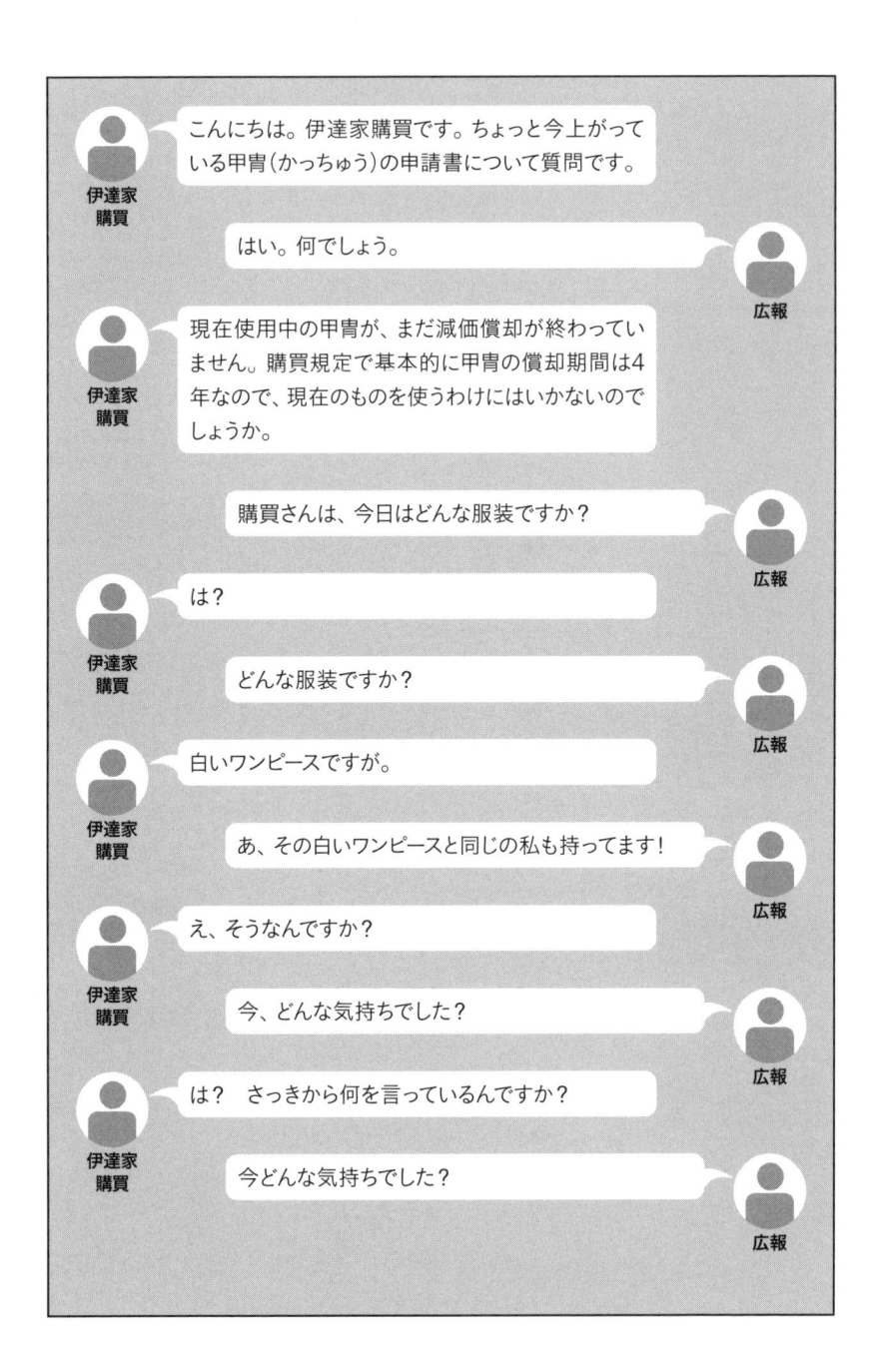

服装はコミュニティーの一員であることを示すメッセージ

実際に戦国時代に購買や調達をどうやっていたのか、筆者の知識の範囲を超えるのでこのやり取りは完全なフィクションです。しかし、筆者の広報の経験上、同じような服装やセンスをしている人の発言を、人はより信用するというのは一つの真理であると感じています。

例えば、どういうわけか日本のＩＴ系ベンチャーの社長さんは、ジャケットの下に白いＴシャツを着ています。あれではジャケットの襟が直接首に触れてしまい、すぐクリーニングに出さなければならないのでは、と心配で仕方ありません。しかし、確かに「ベンチャーっぽい」感じは醸し出されています。ちなみにこの時、大抵白いスニーカーを履いています。

こうした人が、ミーティングの席で同じような白Ｔシャツにジャケットの人を見かけたら、もしかすると、この人は自分と近い感覚を持っているんじゃないかと感じるでしょう。少なくとも、アキバで売っているネタＴシャツに、80年代に流行を終えたケミカルウオッシュのジーンズの人よりは親近感を持つでしょう。

実は、このように同じようなファッションセンスの人に対して抱く親近感は、自分と同じコミュニティーに属しているという感覚からくるものです。同じようなファッションセンスを示すことは、未知の相手とのコミュニケーションコストを下げるためのテクニックとして応用可能です。

これを実際に国際的な舞台で実践している人を、筆者は知っています。この人が日本から米国に出張した際、その人は意識して米国ではやっているブランドの服を着ていました。これを米国人から見ると、この人は米国の流行を察知できる範囲の文化圏にいる、という合図になります。従って、彼の常識は我々のそれに近いものに違いないという直感が働き、さらには信頼に足るビジネスパートナーになってくれるかもしれない、という期待をもたらします。

これが行き過ぎると、人を外観で判断する、第一印象でものを見てしまうということにもなりかねないのですが、「みだしなみ」「ファッションセンス」というレベルの話とご理解ください。

このように「服装」というのは、しかるべき影響力を持っているのも事実です。どのような価値観の社会環境にいるのか、どのようなことに興味を持つ人なのか、いわばファッションというもので、自分の背景にあるストーリーを我々は交換し合っているのです。特に仕事の場では、一体どのような人なのだろうか、というヒントをある程度服装から得ようとします。

ましてや戦国時代といえば、腹の探り合いの時代です。真意の見えない相手に対し、結局敵なのか味方なのか、何かヒントになる情報を探したくなります。リーダーの言動、ブランドなど、あらゆる手を使って信頼の獲得を目指しただろうと思います。

伊達政宗のド派手軍団は、同じように派手好きな豊臣秀吉に一定の親近感、そして「自分と同じ側の人間」という印象を与えるためだったのかもしれません。その甲斐あってか、あんなににらまれていた秀吉から、その後は目立ったおとがめはありませんでした。

これはどこまでが計算だったのかは分かりませんが、もしかすると、政宗は計算の上、このような服装をしていたのかもしれません。そして、そこに惜しみなくコストをかけたのでしょう。

服装について無頓着な筆者としては、自戒も込めてまとめてみます。たかが服装ですが、相手があなたに対し思いもかけないストーリーを抱いてしまう可能性があります。逆に少しだけ気を使って、その日の場の雰囲気や相手に合わせた服装にすることで、コミュニケーションにかかるコストをかなり抑えることができるのではないでしょうか。

「杜《もり》の都」といわれる美しい仙台市街を見下ろす青葉城趾から、騎馬姿の伊達政宗の銅像が、今日もカッコ良く仙台の人々の暮らしを見守っています。

23

伝説が多過ぎる空海は何をした人なのか

引き算でメッセージをクリアに

広報にとって、とにかく致命的なのが「ネタがない」ことです。こればかりはどうしようもない時があるのですが、一方で「ネタがあり過ぎる」というのも、ちょっと危険な状態です。要するに、あれもこれも詰め込み過ぎることで、情報を受けて発信してくれるマスコミが、こちらの意図するように情報をそしゃくできなくなってしまうのです。

これは広報に限らず一般の商談でも同じで、何でもかんでも買ってくださいでは、まとまる商談もまとまりません。要はストーリーに沿った「情報の引き算」が必要なのです。

■ 多過ぎるエピソードはノイズでしかない

そこでこの項では、企業の社長といったトップへの取材を設定するに当たって、最もインパクトのある形でストーリーを作っていくにはどのようにしたらいいかを、高野山の開祖である空海を例に考えてみたいと思います。

空海は別名「弘法大師」とも言われ、遣唐使として唐（中国）に留学し、真言密教を日本にもたらした、仏教の巨人中の巨人といってよい人物です。その偉大さ故に、今日でも神格化、伝説の人物として信仰の対象となっていて、数々の民間伝承やエピソードを持っています。

例えば、空海が遣唐使として唐に渡った時、その船が半ば難破してようやく唐の国にたどり着いたものの、予定外の港に着いたため海賊の嫌疑をかけられてしまいます。このピンチに際し、空海の書いた嘆願書があまりにも素晴らしく教養あふれる文章だったので、これだけの文章を書くからには本物の遣唐使だと認められ、嫌疑が晴れるということがありました。

他にも「弘法も筆の誤り」のエピソード、讃岐にある満濃池の改修工事を行った話、そして、巡礼の途中で杖を突いたらそこから温泉が湧いたという伝説などが残っています。

ちなみに、筆者の誕生日は1月21日なのですが、どうした訳か昔から祖母に「お前は弘法大師と同じ誕生日だ」と言われ続けてきました。そうなのか、くらいにしか思っていなかったのですが、今回調べてみると、空海の誕生日は基本的には不明でした。不確かな説でも6月15日というものがあるくらいで、1月21日というのは恐らく祖母が孫かわいさに都合よく情報をバグらせただけのようです。

このように、表には出ていない空海の民間伝承はまだまだあるのではないかと思います。

バラエティーに富んだエピソードを持つ空海のような人物は、広報としては大変ありがたい「ネタの宝庫」と言えます。しかし一方で、引き出しの多さはこちらの意図しないところでマスコミの興味を引いてしまい、それがノイズになってしまう恐れもあります。

マスコミの記者というのは、ある意味「話を聞くプロ」でもありますから、結構いい加減に話をしても、ちゃんとストーリーとして整理して書いてくれます。しかし、記者の取材力の限界を超えるような、あまりにとっ散らかった話の場合、記者は自分のまとめやすい形にストーリーを構成し、エピソードの取捨選択が行われるようになります。

そこで情報の出し手である広報側に求められるのは、この取捨選択を相手に委ねるのではなく、話し手の内容をあらかじめ整理し、1本のぶれないストーリーとして相手に伝えるスキルです。これこそ、語り口としてのストーリーテリングの基本にほかなりません。

今回は密教の理解促進のための広報を行いたいようですが、どのように目的をぶらさずに取材をセットしようとしているのでしょうか。以下、私なりにいつも用いている取材のためのフレームワークを使って整理してみました。

高野山金剛峯寺広報

弘法大師取材プラン

●目的：密教布教による救済

●手法：弘法大師の人物取材

●現在の課題：取材件数は多いが、密教による救済があまり進んでいない。なかなか狙い通りの話題の取材が組めない。

●前回の空海様ご本人からのフィードバック：密教に関連のない取材は受けない。受け身にならず、こちらから取材を打診するなど、取材の取捨選択が必要。

●戦略：今後、話題を以下の3種類に整理し、出すべきメッセージの重みづけを意識する。

①積極的に発信するテーマ（積極的に受ける取材）
・なぜ唐に渡ったのか（密教との出合い）
・長安での仏教トレンド（密教への興味喚起）
・高野山開山エピソード（信徒になるためのアクションを提示）

②極力発信しないテーマ（直接密教の普及に貢献しないため）
・治水工事技師としての取材（満濃池治水、杖を突き立てたら温泉が湧いた伝説すべて）
・うどんを日本に持ってきた人としての取材
・大学中退経験からの学び直し
・中国語、梵語（ぼんご）など語学学習方法について

③聞かれても発信しないテーマ
・最澄氏との軋轢《あつれき》（しょっちゅう本を借りにきてウザかった、弟子を引き抜いた）

■自分がスラスラ説明できない話は相手も理解できない

広報に限った話ではありませんが、話というのは相手の受容できる範囲に絞って伝えないと、受け手がオーバーフローしてしまっては良いコミュニケーションになりません。一つの目安としては、自分自身がスラスラと説明できるボリュームの話でなければ、まず相手の頭には残らないでしょう。これでもかとたくさん資料を用意して、自分でもメモを見ながらでしか話せないような、膨大な情報量は相手も受け止め切れません。当然、その相手からさらに先へ拡散することなど起こるはずもありません。

こうした事態を避けるためにも、情報の整理が必要です。

まずは何のために広報するのか、という目的をクリアにする必要があります。案外これができていないものです。「何でもいいからたくさん記事を出す」ということが、広報の目的ではありません。何か事業目的に良い影響を与える記事が出て、初めて広報の仕事なのです。

目的がクリアになったのであれば、そのために出すべき情報の優先順位を決めておく必要があります。筆者の場合、発信すべき情報を次の3段階に分けて整理しています。

①聞かれなくても言うこと
②聞かれたら言うこと
③聞かれても言わないこと

まず、最後の③については簡単ですね。いわゆるNGのことです。空海と同時代に、天台宗の開祖である最澄がいました。2人は遣唐使の同期ということもあり、当初は仲良くしていたようなのですが、簡単に言うと本の貸し借りでトラブルになり、徐々に2人の間に溝ができていったようです。

しかし、この話は空海にとってプラスのストーリーにはなりません。なおかつ密教の話をする上で必須の話題でもないので、ここは脱線しないと決めました。

次に①です。これは密教を普及させるためのストーリーです。勘違いしてはいけないのが、「マスコミ受けの良い情報」ではないという点です。たとえ少々つまらない話でも、事業目的達成のためには、そのつまらない情報を出すことにこだわるべきなのです。

この①をしっかりと意識して話せるようになれば、少々話の順番がおかしかろうが、話し方がたどたどしかろうが、マスコミというのは話を聞くプロなので、みなさんの伝えたいストーリーは十分に伝わったと理解していいでしょう。

最後に②が、実は最も気を付けなければならない話です。空海のようにエピソードのコンテンツ力が強い人物は、取材依頼がどんどん舞い込んできます。これに漫然と対応し、聞かれたことだけに答えていると、何だか広報がうまくいっているような気になってきます。しかし、語学学習の話や土木工事の話をしても、密教は1ミリも普及しないのです。企画書を見ると、どうやら高野山の広報も空海からそこを指摘されたようですが、それはむしろ幸いだったと言えます。

最悪なのは、取材を受ける企業のトップが取材好きで、何でも受けたい場合です。幹部は得意な話でご機嫌、広報としても取材が入りますから「何もしないよりはまし」と思うでしょう。ところがこうした場合、知らず知らずのうちに貴重な幹部の時間を広報が無駄遣いしていることになるので、ここは注意したいところです。

ちなみに、広報に限らず「何もしないよりはまし。やれることは何でもやる」という発想で行動して、良い結果になった人を見たことがありません。このパターンで行動している人は、ほぼ何の考えもなく、与えられた目の前のKPIを追いかけているだけの人です。ある意味、KPIを与えるマネジャー側の責任でもあるのですが、広報の場合ですと記事数のようなKPIで追い込み過ぎると、この「やれることは何でもやる」症候群を発症しますので、気を付けなくてはなりません。

例えば、1日に5本も6本もプレスリリースを出すことがありますが、どう考えても受け手である読者は付いてこられないでしょう。むしろ、出すべきメッセージをしっかり伝えられたと感じたのであれば、それ以上余計なメッセージを出さないことも、時に必要なのです。

24

就職浪人の宮本武蔵

エピソードトークで内定を勝ち取れ！

突然ですが、筆者はこれまでに何回か転職の面接を経験しています。就職面接は何回経験しても緊張してしまうもので、難しい質問をされると、おかしな汗が出てきます。特に「あなたは今までに、何をやってきましたか?」などと改まって聞かれてしまうと、案外いい答えがすぐに浮かんでこないものです。学生の就職面接での、いわゆる「ガクチカ」（学生時代に力を入れていたことは何ですか）も同じく、なかなか難しい質問です。

一つだけはっきりしているのは、自分の「歴史」のように、過去からやってきたことをすべてダラダラと話すだけでは、良い印象を残せないということです。では、何が正解なのでしょか。

■「ガクチカ」こそストーリーテリングの技法が生きる

実はこの「学生の時に力を入れてきたこと」への回答こそ、「聞き手に影響を与えるための話法」、つまりストーリーテリングの技法を用いるべき代表的なケースなのです。筆者もこのことに、もう少し早く気が付いていればよかったのですが。そこで、就職活動をストーリーテリングで成功させた例を歴史の中に探してみると、見つけました。戦国末期に活躍した剣豪、宮本武蔵です。

宮本武蔵は作家・吉川英治の小説があまりにも面白いので、フィクションの存在のように思えてしまいますが、実在の人物です。武蔵は元々武士の家系で生まれたようですが、若い頃は決闘に明け暮れていました。有名な自著『五輪書』では、60件以上の決闘を行い無敗だったと書き残し、その中には小説などで有名な京都の名門剣術家・吉岡一門との抗争も含まれています。

よく考えると戦国時代といえども決闘だけで生活費が稼げるわけがありませんから、宮本武蔵も就職する必要があります。若き日の武蔵は剣術指南、兵法指南になることを夢見て、戦のバイトをしながら決闘を行う日々を送っていました。剣術指南とは、要するに武家社会における経営コンサルタントのようなものなので、決闘はコンサルとして名を上げるために必要な実績づくりだったのではないかと思います。

もしかすると順番が逆で、決闘が大好きだったので、「好きなことで生きていく」というどこかで聞いたことのあるようなことを考えて、剣術指南を目指したのかもしれません。すみません、余計な想像でした。

ここで冒頭の面接の話に戻ります。大手の武将とコンサル契約を獲得するためには、恐らく面接らしきものもあったでしょう。しかし、面接でダラダラと60件もの決闘の話をしては、相手もかなり退屈でしょう。そこで「全部話す」ことよりも、「聞き手に影響を与える」ことだけに集中します。そのためには誰もが知るあのエピソードを語って、一発で内定を決めたいものです。その物語とは、そうです「巌流島の決闘」ですね。どうやら武蔵と熊本藩細川氏とのオンライン面談がスタートしたようです。

面接官（熊本藩細川氏）：では次の質問です。これまでに社会人としてこういうことをやってきました、と言える実績があれば、具体的に紹介してください。

宮本武蔵：はい。これまで決闘は60回以上やっています。

面接官：……そうですか。決闘をするだけではあまり意味がないですよね。その60回は、何か重要な数字なんでしょうか？

宮本武蔵：はい、全勝です！

面接官：はいはいはい。みなさん決闘の結果はそうおっしゃいますよね……。それって相手が弱かったのではありませんか？

宮本武蔵：……あの、巌流島のニュースはご覧になりましたか？

面接官：ああ、少し前に結構ネットニュースにもなったやつですね。SNSでも動画がシェアされてきました。もしかして、あれを担当されたんですか？

宮本武蔵：はい。実はあの日はちょっと遅刻をしてしまいして……。

面接官：あれ、確かそこも作戦だったのでは？

宮本武蔵：はい。わざと遅刻することで、相手をイライラさせる作戦を用いました。

面接官：ほうほう。まあ決闘なんて勝てば何してもいいもんですからねぇ。で、それからどうなったんですか？

宮本武蔵：それでは詳しくお話しましょう。まず相手の長い刀のリーチに対抗するため、刀ではなく船の櫂（かい）を木刀にしてですね……。

筆者は外資系企業の勤務が長いのですが、外資では欧米流の自己PRをすることが求められる場面が多々あります。そこでときどき見かけるのが、「単なる自慢話」です。いくら欧米の文化でも、自慢話で相手の時間を奪うのはひんしゅくものです。この自己PRと自慢話の違いを見ていくと、ストーリーテリング（語り口）というものの正体に少し近づくことができるのではないかと思います。

まず、客観的ファクトの有無です。「俺は剣術が得意」と言うだけなら誰でもできます。第三者でも分かる実績を示す必要があります。武蔵のケースでも、面接官は「相手が弱かったのでは」という疑問を持っていますよね。どういうレベルの仕事だったのか、相手に分かる言い方をしないと伝わりません。武蔵の場合、巌流島の決闘という具体例を出しています。

■相手が求める答えを想像できるか

次に、相手が何を求めているかを想像して、ストーリーを組み立てることです。武蔵の場合、恐らく面接官は腕の立つ剣術指南を探しているはずなので、名のある剣豪であった佐々木小次郎を破った例を出せば、60件すべての決闘を説明する必要はないでしょう。

この「相手が何を求めているかを理解すること」は、共感をつくっていく上で重要なポイントになります。ストーリーテリングは「聞き手」起点で組み立てることが重要なのです。

さらに、ここでいう「聞き手」をもう少し広く解釈すると、本書でストーリーテリングが大事だと言っていた意味が理解しやすくなります。

みなさんの周りには、社内の別な組織の人、会社上層部、取引先、採用企業、新製品を提供しようとしている利用者、果ては社会全体まで、実に様々な聞き手が存在します。これらのうち、今から話す内容は誰に伝えたいのか、相手は何を聞きたがっているのか。これを理解できれば、ほぼストーリーは完成したと言っていいでしょう。ストーリーテリングといいますと、体裁のいい作文を書くことや、巧みな話術のことと理解してしまいがちですが、相手の求めているものの理解を深めていないと、しょせんは言葉遊びの域を出ないと思います。

我々広報の場合、重要な取材の前には記者に対して何度も「何が知りたいのか」ということを聞き、また、その記者が普段はどのような報道姿勢でいるかなど、十分に理解してから取材に臨みます。全く知らない相手にいきなり話して成功するほど、マスコミの取材対応はシンプルではないのです。

それはともかく、武蔵は「決闘なんて勝てば何してもいい」という相手の価値観を事前に読んでいたのか、有名な遅刻作戦のエピソードを持ち出します（巌流島のエピソードは割愛しますが、とにかくわざと遅刻したのです）。ここで、一気に面接官の態度が変容します。

うまい具合に「聞くモード」になった面接官、ここからが本当の自己PRタイムと言えます。

改めて「単なる自慢話」と「自己PR」の決定的な違いを考えてみます。それは、自己PRには恐らく何らかの目的があるということです。そして、その目的のために相手に何らかの行動を促したいのではないかと思います。この武蔵のケースでは「大名に仕官（就職）する」という目的です。

では、単なる自慢話は何のためにするのでしょうか。これは「する」のではなく、「してしまう」ものなのでしょう。若い頃の恋のように。

■ 話はシンプルなほど「熱量」は冷めない

次に、自己PRを成功させる上で知っておくべきことは何でしょう。それは「話は人から人に伝わる間に変質していく」ということです。みなさんも「伝言ゲーム」という社会人用語をお使いになることがあるかと思いますが、人から人に伝わるうちに、一体元々どんな話だったのかと言いたくなるくらい、内容が変わってしまうことがあります。しかし、伝言ゲームでは話の内容が変わることだけでなく、話の「熱量」が下がっていく点にも警戒しなくてはなりません。

仮に面接で好印象を得たとしても、決め手となった自己PRが極めて分かりにくい話であった場合、面接官が武蔵と同じくらい熱いパッションで彼のことを上司に報告するとは到底思えません。

一方、伝言で伝わってきても、全く熱量が変わらないという話もあります。これは「話の分かりやすさ」と関係があると私は思います。何だかとっても大事なことを書いたような気がするので、もう1回言います。「分かりやすい話」は、いつまでもその熱量が冷めにくいのです。本書で探求しているストーリーテリングなるものの要件の一つに、この「シンプルな話」というのが挙げられるでしょう。

巌流島の決闘は「武蔵という最強の男が、小次郎という強敵を迎えたが、やっぱり武蔵の強さは圧倒的だった」というシンプルな骨子の話です。そのシンプルなるが故に、およそ400年後の現代でも容易に共感することができ、我々を熱くさせてくれるのです。むしろ、人から人に伝わる段階で、熱量が増殖していったとも考えられます。

熱力学の世界にはエントロピーの法則というものがあります。要するに、時間がたてば熱いお茶がだんだんぬるくなることはあっても、ぬるいお茶が勝手に周りから熱を奪ってどんどん熱くなっていくことは絶対にない、という法則です。この法則を無視した現象を巻き起こせるのが、まさにストーリーテリングの力なのです。

25

「風林火山」とももクロの共通点

四文字で武田家のすべてが分かる

際立ったブランドというものは、単にモノを売ってお金をもうける以上の「自分たちは何故この世界に存在しているのか」という思想を持っているものです。それを端的に言い表しているのが「ブランドステートメント」です。例えばこれ。

・「お口の恋人」（ロッテ）
・「あなたと、コンビに、ファミリーマート」（ファミリーマート）

このあたりは、分かりやすいですね。私が好きなものにはこんなのがあります。

・「The Power of Dreams」（ホンダ）
・「C&C」（NECが昔使用していた）

この2つは、会社としての生き様のようなものが伝わってくる素晴らしいブランドステートメントです。一介の工員だった本田宗一郎氏が起業し、世界最高峰のレースに挑戦するという夢を追うことで、ホンダが世界的メーカーになったことはあまりにも有名です。

NECの「C&C」は「Computers & Communications」の略で、まだ携帯電話もノートPCもなかった1970年代に、将来この2つの技術を融合させることを自社の使命として掲げたわけです。40年後の未来を予測したといいますか、40年かけてビジョンを形にしたといいましょうか。いずれにしても熱い話です。

■企業ストーリーを凝縮させたブランドステートメント

ブランドステートメントは宣伝コピーのように使われますが、企業のありようを語るストーリーテリングとは不可分な存在です。「企業の語り部」ともいえる広報たるもの、ブランドステートメントの意味するところは、求められればスラスラと言えるようでなければなりません。逆に、このステートメントを詳しく語れば、口に出る言葉はやがて一編の心打つストーリーへとなっていくでしょう。

ブランドステートメントとは、いわば企業が「自分は何者であるか」を語るストーリーの「圧縮ファイル」のようなものなのです。

このブランドステートメントを決めるという作業に、筆者も何回か関わったことがあるのですが、なかなか骨の折れる作業です。要するに「自分たちは一体何のために存在しているのか」と自問するところから始まるので、なかなか収束しないのです。

しかし、戦国武将の中には、お手本といえるようなクリアなブランドステートメントを作って、そこから発生する壮大なストーリーで家臣の士気を高めていたケースがあります。それが武田信玄です。

武田信玄を想起させる言葉を漢字四文字で表せ、という問題が出たとすれば、クイズとしてはかなりのサービス問題と言えます。はい「風林火山」ですね。

この誰もが想起する風林火山、実は信玄のオリジナルではなく、有名な『孫子の兵法』に出てくる言葉です。

其疾如風：そのはやきこと風の如く
其徐如林：そのしずかなること林の如く
侵掠如火：しんりゃくすること火の如く
不動如山：動かざること山の如し

改めて見るとシンプルですが、戦に勝つための原則を表していますね。そして風林火山の四文字は、これらのアイコンというわけです。信玄は1984年に米アップルが初代「Macintosh」を発売し、アイコンという画期的なインターフェースを発明する400年以上も前に、アイコンを使ったコミュニケーションを行っていたのです。

では、肝心の「風林火山」とは、どんなストーリーなのでしょうか。武田家といえども、ブランドステートメントには難儀しているに違いありません。

どうやら本日の幹部会議に向けて、広報が武田家のブランドステートメントの最終答申をまとめているようです。

武田家
若手広報
部長、ブランドステートメント会議の最終答申見ていただけましたか？

武田家
広報部長
ごめん、まだ見れてないわ。今サクッと説明してもらっていい？

武田家
若手広報
あの「戦隊モノ」ってお分かりになりますか？

武田家
広報部長
赤がリーダー、青がニヒルなやつ、黄色がお笑い担当、ピンクが紅一点、緑は存在感が薄いやつ。

武田家
若手広報
さすがです。その戦隊モノの要素を取り入れようかと。

武田家
広報部長
ええと。確か『孫子の兵法』から引用するはずだったけど、孫子の兵法も戦隊モノだったのか？

武田家
若手広報
大体同じようなものです。

其疾如風
其徐如林
侵掠如火
不動如山

何か気が付きませんか？

武田家
広報部長
全く分からん。

武田家
若手広報
アイウエオ作文になっているんです。

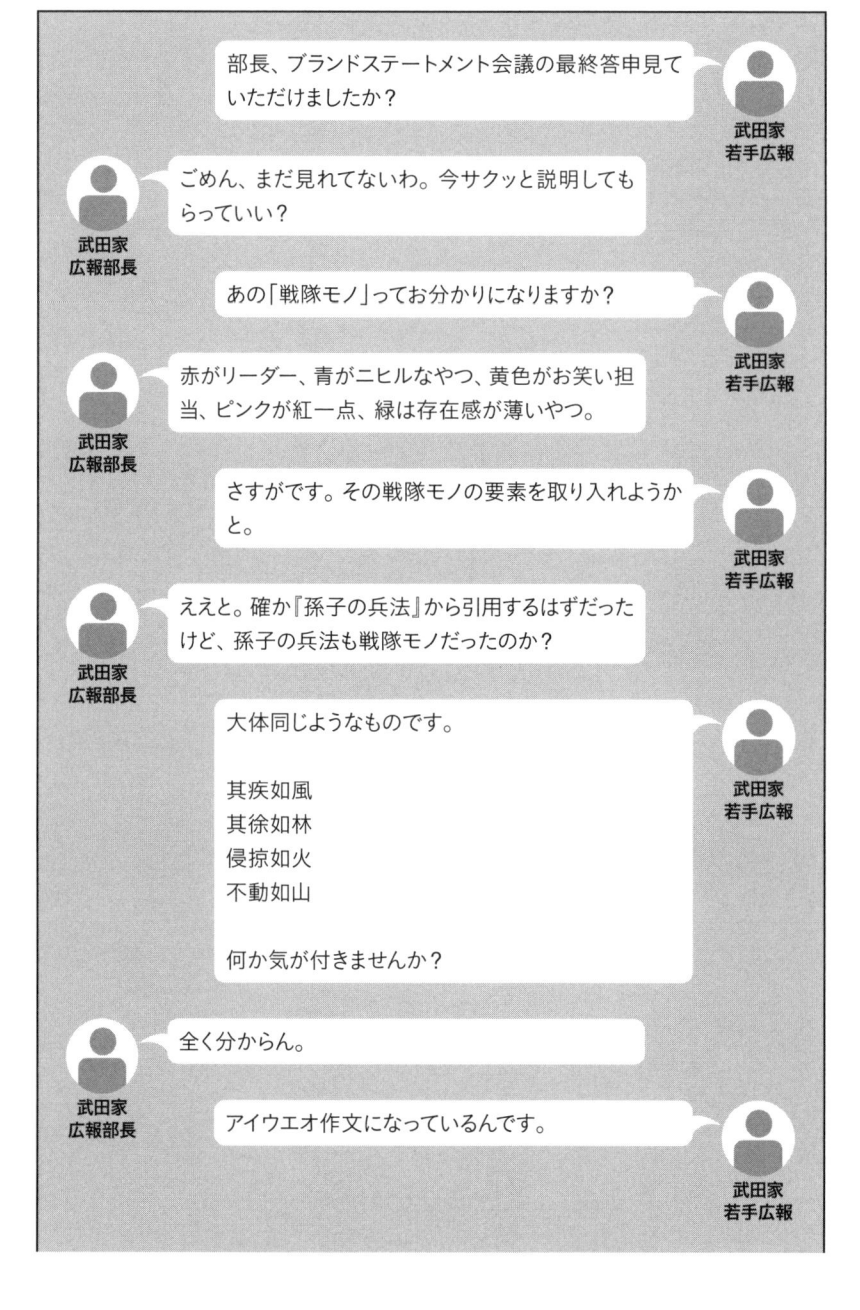

武田家広報部長：おまえ、オレのことなめてるだろ。

武田家若手広報：いえいえ。縦読みすると「風林火山」になるじゃないですか。それぞれを一文字ずつキャラ立ちさせて、色とか変えると分かりやすいかと。

武田家広報部長：それで戦隊モノね。確かに漢字一文字で武田家の家訓を表現できるのは、分かりやすくていいかもね。

武田家若手広報：それと「風」「林」「火」「山」それぞれの意味に共感した人が、その意味を自発的に語る「余白」があるので、解説動画とかも自発的に出てくるのではないかと。

武田家広報部長：それは再生回数伸びそうだね。

武田家若手広報：では、本日の検討会議で「風林火山」案を答申いたしますので、ご承認のほどよろしくお願いいたします。ご承認いただいた後、プレスリリースを発信し、のぼりの制作に入ります。

武田家広報部長：しかし、会議の前の根回しすごいな、君。

ブランドというものはシンプルで覚えやすい、難しいことを言い過ぎないことが大事だと思います。宮本武蔵の項でも述べましたが、自分がうまく説明できないような複雑なことを、他人に理解させることはできません。さらに自分が理解できないことは、実行できないからです。また、人から人に伝わる際の熱量を下げないためにも、話は単純なほうが良いのです。

つまり、他人に何か行動を起こさせたいと思ったら、相手の理解力に応じたコミュニケーションをしたほうが良いのです。話が単純過ぎて悪いことは何もありません。

本章で「PRの天才たち」として紹介してきた人物たちの共通点として、一様にエピソードの骨子がシンプルであるというのは、偶然ではないと思います。文章、文体についても、別に広報が文学賞をもらえるわけではないので、もったいつけたような難しい文章などは、かえって伝わらないだけなのです。

戦隊モノのノウハウで人気を得た「ももいろクローバーZ」

女性人気ユニット「ももいろクローバーZ（ももクロ）」をご存じですね。実はももクロは赤、イエロー、ピンク、紫の色をメンバーそれぞれのイメージカラーにしていて、徹底して同じ色使いをしています（結成当時にはブルーとグリーンも在籍）。これにより、筆者のように若い女性タレントに対する個体識別能力が低下していたとしても、「イエロー今日もかわいいな」「ピンクはいつもダンス頑張っている」のように、色でそれぞれのメンバーを識別できるようになります。これなら個人名を覚えなくても良いですし、何なら顔の区別がつかなくても、応援する上で何の支障も来しません。こうして、ももクロは国民的人気グループへとなっていったのです。

この画期的なシステムは、武田信玄の「風林火山」にも当てはまります。それぞれの文字は小学校で習う簡単な文字で、その意味は誰でも理解できます。単純な四文字で武田家の戦いに関する哲学を言い表していますので、これは最高に伝わるブランドステートメントと言うことができるでしょう。

さらに素晴らしいのは、シンプルな一文字はあたかもスマホのアイコンをクリックするとアプリが起動するのに似ており、その一文字を掘り下げれば、武田家らしさを言語化したストーリーが広がりを見せます。チャットの中で若手広報は「余白」という表現を使いましたが、ストーリーの出発点では100％の説明は行わず、少し補足の説明を入れたくなるような絶妙な加減の「足りなさ」が大切なのです。本書のテーマであるストーリーテリングが誕生する上で、語り手が埋める余白があることこそ、自ら語りたくなるストーリーの要件なのです。

優れたブランドというのは、いつでも誰かに伝えたくなるストーリーを背負っているものです。そして、そのブランドの物語の語り部が広報という仕事です。広報が100％そのブランドについて語るのはもちろん必要なことです。しかし広報の高等テクニックとして、その物語にメディアが手を加えることによって100％となるような〝絶妙な余白〟を持たせてメディアに伝える、という方法もあります。自社が都合よく書いたのではなく、メディアという第三者が自発的に書いたという事実が、ストーリーに真実味を与えて拡散し、長く語り継がれていくためには大切なのです。

毎年、山梨県甲府市で開催される「信玄公祭り」。1000人以上の武者姿の参加者が「風・林・火・山」の団体に分かれて市の中心街を練り歩く、世界最大の武者行列だそうです。1000人もいると、知人がどのタイミングで目の前を通過するのか見逃しそうなものですが、団体ごとに四文字で分類されているので、観客は今どの団体が通過しているのか簡単に見分けることができます。まさに、ももクロと同じようなシンプルなコミュニケーションで成功している例と言えますね。

第4章

現代を先取りしたPR

26

キャズムを越えた堺の鉄砲

BtoB商材のストーリー作り

ここまでPRの天才といえる歴史上の人物たちのエピソードを見てきましたが、ここからは現代の我々が最先端だと思って取り組んでいるマーケティングやPRの手法を、すでに数百年前に先取りして取り組んでいた事例をご紹介します。これらのエピソードは、単に昔の人もやっていたという点が珍しいだけではなく、しっかりとストーリー起点で物の伝え方が考えられている事例です。

初めに紹介するのは、戦国時代に「鉄砲」というイノベーションを日本に巻き起こした、現在の大阪堺の鍛冶職人たちです。

新しいテクノロジーが世間に普及していくサイクルを「テクノロジー・アダプション・ライフサイクル（ＴＡＬＣ）」と言います。これは、ごく初期にマニアックな層が購入するイノベーター期、少し一般化してきたものの、まだ新しい物好きが自慢げに使うアーリーアダプター期、そこからさらに普及していくマジョリティー期、最後に腰の重かった人が購入し始めるラガード期、などと分類するようです。

そして、アーリーアダプターとマジョリティーの間にある「溝」のことをジェフリー・ムーアという米国の経営コンサルタントが「キャズム」と名付けました。マジョリティーになることなく、一部の好事家の間の流行で終わってしまう製品は「キャズムを越えられなかった」といった使い方をします。

■ BtoB商材だった鉄砲はiPhoneの手法が通用しない

例えば、iPhoneが登場した当時のことを思い出してみましょう。登場後、いきなり全国民が使い始めたわけではなく、「あんなものは日本ではやらない」「アップルマニアの買うものだ」などと懐疑的な声がありました。それがファッション誌のモデルが持ち歩くようになり、それに影響された若い女性たちが持ち歩くようになり、やがてそこにインストールされたInstagram（インスタグラム）やLINE（ライン）のようなアプリが人気となり、現在のような「iPhoneにあらずんば人にあらず」という状況になったのです。

若い女性層の心をつかんだ時、そこがまさにキャズムを越えた瞬間だったと言えます。

戦国時代におけるiPhoneに相当するイノベーションは、何といっても「鉄砲」でしょう。この時代、種子島に伝来したばかりの鉄砲はかなりの革新的な武器であったことは容易に想像がつきます。そして現在の大阪の堺という町は、港町として古くから交易で栄えた地域で、鍛冶職人が多くいたことから、戦国時代には鉄砲の一大生産地となっていきます。

登場直後の鉄砲も、iPhoneと同じようなものだったのではないでしょうか。画期的な武器ではあるものの、「しょせん戦では役に立たない」「騎馬兵にはかなわない」といった、懐疑的な評価であふれていたのではないかと想像します。いわば、キャズムを越えられていなかったわけです。

鉄砲に投資していた堺の商人たちとしては、ネガティブな評価を覆すために、何か起死回生のPRを打ちたいところです。ただ、鉄砲はiPhoneのようなコンシューマーが買うものと違い、いわゆるＢｔｏＢ（企業向け）の商材です。経済的な力を持った大名にターゲットを絞ってＰＲ活動を行う必要があります。

この限られた人しか関心のないＢｔｏＢ商材のＰＲというのは、実はとても難しいのです。記事を書いてもらおうと広報的にアプローチしても、いかんせん記事の受け手が限定されるような内容では、掲載先の媒体も二の足を踏んでしまい、なかなか記事にしてもらえません。

ところが、堺の商人たちが小躍りするようなニュースが舞い込んできます。堺の町を支配している武将の織田信長が、鉄砲を使って強敵甲斐武田氏の軍団に勝ったというニュースです……。

■ 信長の三段撃ちは盛り過ぎた導入事例

ＢｔｏＢ広報の王道の一つが「導入事例」です。特に鉄砲のような新しい概念のものは「導入効果はあるのか」「実際に運用できるのか」という点が、購入意思決定者にとって非常に気になるところです。こうした点について、マスコミを通じて実際の利用者の声を届けられれば、購入意思決定者の背中を大きく押す広報ができます。ましてや、今回はあの桶狭間の戦い以降注目されている織田信長です。編集部としても「信長が武田軍団に勝ったワケ」のような、いかにも読まれそうな記事が見込めます。

このケースでは「タイアップ広告記事」を採用したという設定で書いています。確実に掲載が保証されているのでＢｔｏＢの世界ではよく使われる手法です。ただし、広告で保証されているのはあくまで掲載だけで、読者が最後までその記事に目を通してくれるかどうかは別な話です。その点でも織田信長のインタビュー記事は、コンテンツ的にも申し分のない内容です。

ただし、事例広報の協力をお願いすると、導入した側の企業は何の義理があって仕入れ先企業の広報の手伝いをしなきゃいけないんだと、おっくうになるものです。ましてや今回の相手は、あの気難しそうな織田信長です。堺の商人たちは、この難題にどう挑んだのでしょうか。

鉄砲鍛冶
『週刊戦国ビジネス』さん、オンライン会議ありがとうございます。織田信長様のタイアップ記事ですが今どうなっていますか？

『週刊戦国ビジネス』営業
すみません、連絡が遅くなりまして。先日行いました信長様のインタビューを編集中なのですが、大体の骨子は以下の通りです。

・鉄砲導入の狙い：初期費用のみで、騎馬と違い餌代のようなランニングコストがかからない。

・導入における課題：品質、納期について満足している。

・今後の課題と抱負：事業拡大に伴い織田家では鉄砲を使ってみたい若者を募集している。
※足軽から武将への登用制度など、織田家側のメリットも打ち出す。

鉄砲鍛冶
「命中率が低かった」などのNG部分は削除していますよね？　他には問題ありませんか？

『週刊戦国ビジネス』営業
ちょっと信長様のほうから書き直しの指示が入りまして……。

鉄砲鍛冶
どんな修正ですか？

『週刊戦国ビジネス』営業
あの長篠の合戦で「三段撃ち」という戦法を用いた、と書けとおっしゃっています。たとえタイアップでも、事実でないことを事実のように書くのはちょっと広告の審査を通らない可能性があるので、どうしたものかと。

鉄砲鍛冶
しかし、信長様のご機嫌を損ねると、当社としても面倒なことになるので、うまく要望を聞き入れたことにできませんか？

『週刊戦国ビジネス』営業
そうしたら「実施した」じゃなくて「今後、実施していく方向で検討を加速するよう指示をした」とかはダメですか？

鉄砲鍛冶
曖昧で何を言っているのか分からない上、何一つコミットしていませんが、それでいけそうならそうしましょう。

最近の研究によると、「信長の三段撃ち」は後世の創作だったのではないかといわれています。ここでも、そのような〝うさんくささ〟を漂わせる終わり方をしてみました。しかし、何も三段撃ちのようなドラマをわざわざ作り込まなくても、鉄砲導入は十分胸が熱くなるストーリーにできるのではないかと思います。

■ ユーザーの「心の描写」まで深掘りしてこそ価値がある

B2Bの広報といいますと、売り上げが何%伸びた、利益率が何%改善された、というような無機質な経営スコアがついて回りがちです。確かにそうした導入効果を数字で示すことは大切です。しかし、B2Bであっても心躍るようなストーリーを描けないかというと、それはむしろ逆ではないかと思います。

本書でテーマとしているPRストーリーの主人公は、ビジネスパーソンです。それがB2C（消費者向け）であれBtoB商材であれ、そこにプライドを持って働いている人がいれば、その人の真剣な取り組みや成功は、少なからず人の心を打つ力を持っています。その「働く人の心」までも伝えることができれば、取材を受けてくださったユーザー企業の方にとっても、良いお返しになるのではないかと思います。

例えば、登場したばかりの技術なので周囲から反対意見もあったと思います。その反対意見を押さえ込むためには、品質管理や生産管理がしっかりしていることを見せつける必要があります。メーカーが期日までにモノを用意できなければ、鉄砲の導入はできなかったはずです。また、鉄砲自体の性能に懐疑的な意見もあったでしょう。そうした声を払拭するため、鉄砲隊のトレーニングにも必死になって取り組んだのではないでしょうか。

こうした導入担当者の苦労は、すでにストーリーとしての芽を持っています。しかし、ともするとこうした担当者の心の内は描くべきものではないと思い込みがちです。であるからこそ、当事者の心の様子まで突っ込んで取材してみると、記事の価値は高まるのではないかと思います。

また、たとえ鉄砲がＢｔｏＢの商材だったとはいえ、初めて動いた時、初めて自分が使った時のドキドキ感があったはずです。購買担当が初めて鉄砲を触った時の質感や重量感、試射した時の心拍数、火薬の匂い、何よりもまだ誰も使いこなせていないものを手にしたときの高揚感は、人を引き付けるストーリーになり得るのではないかと思います。

ビジネスがキャズムを越えるとき、ストーリーの登場人物のこうした感情の動きが決め手になることもあるのではないでしょうか。

27

YouTuber的歴オタの水戸黄門

楠木正成コンテンツをバズらせる

一念発起して動画を作ってみたものの、思ったように再生回数が伸びずがっかり。もしかすると、いつの日か偶然有名人の目に留まり、一気にバズらないかしら……と淡い期待を抱いたことが、みなさんも一度くらいはあるのではないでしょうか。

3人組のテクノポップユニット「Perfume（パフューム）」は、デビューしてからしばらくの間、あまり注目されませんでした。ところが、木村カエラさんがラジオ番組で紹介したのをきっかけに注目を浴びるようになり、国民的人気グループへと駆け上がっていきました。まさに、みなさんが思い描く理想のパターンですね。

ここで「バズるきっかけとインフルエンサー」について書きたいのですが、人類を大ざっぱに四象限で分けたとき、筆者から見て最も遠い位置にいるPerfumeと木村カエラさんを事例にしたのでは、これ以上筆が進みません。

そこで、最初はバズらなかったものの、あるインフルエンサーに再発見されたことで、本人が活躍していた時代から600年たった時代に、強烈なストーリーとなって社会にとてつもない影響を与えた「日本史におけるPerfumeと木村カエラ」を紹介したいと思います。

■歴史オタクの徳川光圀、楠木正成を再発見！

まず、木村カエラさんに相当する人物ですが、みなさんご存じの水戸黄門こと徳川光圀《みつくに》です。光圀は『大日本史』という歴史書の編さんをしたことでも有名で、かの「助さん、格さん」も実は光圀を補佐した学者さんなのです。そんな「歴オタ（歴史オタク）」の光圀が、とある人物にひどく傾倒します。それは楠木《くすのき》正成で、この人物がPerfumeに相当します。

ハイヒールを履いたまま足首をグネらせることなく、シンクロ率の高いキレキレのダンスを踊るPerfumeの実力は誰の目にも明らかですが、「楠木正成って……」とピンときていない読者の方も多いのではないでしょうか。それもそれのはずで、『山川の日本史』では「河内の武士楠木正成らの執拗な抵抗が続くなか」と、1行にも満たない記述しかされていません。

楠木正成は、鎌倉時代と室町時代の間の「建武の新政」といわれる時代、鎌倉幕府を倒した後醍醐天皇に仕えた、新田義貞、足利尊氏らと同年代の人物です。歴史の表舞台にいた期間はせいぜい5年ほどで、その事実からすると、この教科書の記述は源義経の場合と同じく妥当な扱いと言えるでしょう。

ここまで本書をお読みのみなさんならお分かりかと思いますが、楠木正成はその生涯に強いストーリー性を持っていたのです。そして、そのストーリー性に気が付いたのが徳川光圀でした。ちょっと想像しにくいのですが、戦前の日本では紙幣にもなっていたほどメジャーな人物になります。

正成は尊皇の家臣として、後醍醐天皇に忠誠を尽くします。その様子は「正成一人《まさしげいちにん》」という言葉でも表されており、要するに「もし他に誰もいなくなってこの正成一人になったとしても、陛下のことは私がお守りします」というメッセージです。こんなことをイケメン男子に言われたらドキドキしますよね。

しかし、時局は必ずしも後醍醐天皇側に利あらず。最後まで忠誠を誓うも、正成は非業の死を遂げるのでした。このように、楠木正成は歴史に残したインパクトよりも、そのストーリーの美しさ、熱さで後世に語り継がれていたのです。

徳川光圀が発見する以前にも、楠木正成はある程度人気の人物でした。『太平記』という室町時代に成立した書があります。これは歴史書というよりは歴史エンターテインメントのような内容で、中国の故事を引用している他、『三国志』のオマージュがあって楽しめる一方で、兵法や道徳も学べる中身になっています。これらの要素を面白い語り口でギュッと詰め込んだのが『太平記』で、現代で我々が目にする「歴史系YouTube」のようなものです。

『太平記』は面白くて役に立つなかなかの良コンテンツだったため、楠木正成のエピソードも室町時代、戦国時代とジワジワと再生回数を伸ばします。

やがて江戸幕府の時代になり、徳川光圀が楠木正成にドハマりしてしまいます。『大日本史』でフィーチャーするのはもちろん、正成が最期を迎えたとされる現在の兵庫県の湊川に「嗚呼《ああ》忠臣《ちゅうしん》楠氏《なんし》之《の》墓《はか》」という碑を建てたほどでした。

どうやら徳川光圀と「助さん」こと佐々宗淳が、『大日本史』の打ち合わせを始めたようです。

徳川光圀：助さん、出張中かな？　大日本史の次回ネタ打ち合わせ会議の時間だけど。

助さん（佐々宗淳）：すみません遅れました。ちょっと悪代官を懲らしめてほしいとか変なトラブルに巻き込まれて、ログインできなかったんです。

徳川光圀：気を付けてね。で、次回は人物編の「列伝」の回なので、楠木正成をやろうと思う。

助さん（佐々宗淳）：楠木正成というとあの知将の。千早城の攻防戦で敵にアツアツのう◯こを投げたり、奇想天外な作戦を立てたりしたという。

徳川光圀：投げるほうも辛かっただろうね。それよりさ、「尊皇の忠臣」っていう点をもっと前面に出せないかな。

助さん（佐々宗淳）：それであれば後醍醐天皇が、夢で楠の良い香りがして神託を得る、なんていうエピソードもありますね。そこから正成が「正成一人」というところまで。

徳川光圀：最後は勝ち目のない戦いに向かい、途中息子と別れるシーンもあったよね。

助さん（佐々宗淳）：一休さんの親戚っていうエピソードはどうされますか？

徳川光圀：話ブレちゃうだろw　もったいないけどボツww。あと、「嗚呼忠臣楠氏之墓」とか名づけて石碑建てるのやってくれないかな、ちょっとこの企画と絡めて。

助さん（佐々宗淳）：え、自分がですか？

徳川光圀：頼むよ。聖地巡礼ってはやると思うんだよね、そのうち。

最後の一休さんの話は、あまりにも意外な説だったので書いてしまいましたが、確かに本筋ではないエピソードなので避けておいたほうが良さそうです。「嗚呼忠臣楠氏之墓」という碑は現在でも残っていて、その碑文は光圀の筆とされています。

と、ここまでであれば、単に歴オタのお殿様の道楽で終わったのですが、光圀といえば「水戸学」という国学の一派を立ち上げた人物でもあります。この水戸学という学問の細かい説明は飛ばしますが、後に幕末の尊皇攘夷思想の源流になります。そのことが楠木正成を国民誰もが知る有名人へと押し上げていったのです。

■勤皇の武士となった楠木正成が明治維新と共鳴

尊皇攘夷というコンセプトをいち早く打ち出した水戸藩でしたが、幕府運営の行き詰まりや外国船（黒船）の脅威といった当時の社会背景から、この思想は多くの支持を集め、やがて明治維新へと人々を突き動かしていくことになります。この時、このコンセプトを体現しているモデルケースとして、楠木正成が尊皇の志士の間で人気となります。

湊川の石碑は聖地となり、明治になり湊川神社となります。ついに楠木正成は神様になったのです。維新の志士たちがどう暴れ回ったのかは、もう何度も触れてきたので省略しますが、この志士たちがやがて明治政府で指導的な立場に就きます。ここにきて楠木正成は、天皇を中心とした明治国家の理想とするストーリーとして、国民教育にまで大きな影響を与えることになったのです。

せっかく時間をかけて用意したストーリーが、全然跳ねなくて歯がゆい思いをしている広報の方も多いかと思います。しかし楠木正成やPerfumeの例を見ると、何かのきっかけでブレイクする可能性もあります。広報として行うべきは、伝えるのをやめないことです。言い方を変えると、そのストーリーの本質的な価値を理解してくれる、水戸黄門や木村カエラに相当する人を探し続けることでもあります。メディアとのリレーションとは、そのような人物を探す旅でもあるのです。

28

一遍上人の道路占用許可申請書
ダンスフェスで人民救済

突然ですが、広報という仕事の本質は「世の中の考え方を変える活動」ではないかと思います。要は、プレスリリースのようなテキストベースのコミュニケーションにこだわる必要はなく、動画配信、ＳＮＳやクチコミ、プロダクトプレースメントやイベント開催など、とにかくストーリーが伝わり、世の中に態度変容を起こさせれば、そのすべては広報活動なのです。

■拡散する「ダンスネタ」はストーリーを運搬する格好のコンテナ

中でも筆者が最近注目しているのが「ダンス」です。例えば、少し前に北海道日本ハムファイターズの「きつねダンス」が注目されました。ダンスという非言語のコミュニケーションではあるものの、このダンスを自分も友達と踊ってみたい、日本ハムファイターズの試合は楽しそうだな……など、色々なストーリーを想起させる力を持っています。

さらに、そこから「踊ってみた」のような投稿も自然発生します。人から注目されたいのでハッシュタグを付けることでさらに拡散し、それをまねする人がさらに現れる、という連鎖で大きくバズるというわけです。人から人に受け継がれて拡大し、そのたびに「このダンスは」というストーリーもセットで伝わります。ダンスは、ストーリーを入れて運搬する「コンテナ」のような存在として極めて優秀なのです。

このように素晴らしい効果が期待できる「ダンス広報」ですが、日本人といいますと、「真面目」「おとなしい」といった自己イメージが一般的にあるのではないかと思います。だからダンス広報は日本ではムリ、と思い込んでしまうかもしれません。

しかし、筆者は「日本人ダンサー説」を唱えています。そもそも『古事記』に出てくる天照大御神《あまてらすおおみかみ》の「岩戸隠れ」の神話でも、太陽神の復活という荘厳な神話であるにもかかわらず、ステージの上でダンスをするパリピな女神「アメノウズメ」が登場して、踊っているうちに「ポロリ」してしまい、周りにいた八百《やお》万《よろず》の神々が「ウエーイ」と盛り上がってバイブスぶち上げな様子が描かれていますね。恐らく、日本人はこんなパリピなダンス大好きＤＮＡを体内に潜ませているのです。

そんな日本人の秘めた気質に気付いたのか、ダンスというとんでもなくイノベーティブな発想で仏教の布教をしたお坊さんがいました。もうお分かりですね。鎌倉時代「踊念仏《おどりねんぶつ》」で時宗という宗派を広めた一遍上人です。

正月の箱根駅伝の8区15キロ過ぎ、藤沢市内で選手を待ち受けるのが「心臓破りの坂」といわれる「遊《ゆ》行寺坂《ぎょうじざか》」です。この遊行寺こそ、一遍上人が宗祖のお寺で、実は今でも「踊念仏」を行っています。

こう書くと、一遍上人という方は根っからのパリピで、TikTok（ティックトック）でたまたまバズったインフルエンサーのようだと、誤解されてしまうかもしれません。実は、一遍上人は10歳で仏門に入り、34歳になって時宗を開くまでは、極めて真面目なお坊さんとして誰よりも熱心に修行や布教にいそしんでいたようです。特に一般の人の救済に心を砕いていたようなのですが、難しい仏教の神髄を分かりやすく教えるため、とにかく念仏を唱えるように民衆を指導します。

そのように地道な教化活動を行っていたある日、「阿弥陀仏の救い、念仏往生へのうれしさと喜びのあまり、一遍上人をはじめ時衆らが踊りだした。」（時宗ホームページ）とあります。踊念仏は、偶発的に発生したようです。

一遍上人が非凡だったのは、この成功を教化手法として一般化させたことです。先ほども触れたように、ダンスとは「ストーリーを入れたコンテナ」です。この場合「念仏を唱えて極楽浄土に行く」という、壮大な仏教のストーリーが格納されていたわけです

これが「踊念仏」というブレークスルーとなり、一遍上人は実に16年間で25万１７２４人を教化したとのことです。TikTokもiPhoneもなかった時代、フォロワー25万人を獲得したわけですから、もし一遍上人がTikTokerだったら、とんでもないインフルエンサーですね。

その一遍上人がTikTokを使ったバズ動画のための道路使用許可書を作ったとしたら、こんな感じになったのではないでしょうか。

伊予国土木局道路管理課　御中

正応2年1月21日
一遍

道路占用許可申請書

このたび、公道を使用したイベント開催のため道路の占用許可をいただきたく、下記の通り申請いたします。

●**目的**：仏教が理解できない一般の大衆に、踊りをきっかけに念仏を唱えさせ、極楽浄土へと導く。

●**企画骨子**：念仏に踊りをミックスさせたパフォーマンス「おどり念仏」の全国キャラバンの一環として実施。踊りが好きな一般大衆の参加型イベントとします。参加者がTikTokで自分の踊りを拡散できるよう、自撮りブースも設置します。ついては道路の占用使用が必要となります。

●**イベントメッセージ**：踊って念仏を唱えれば極楽に？　今ブームとなりつつある「踊念仏」の一遍上人が伊予国についにやって来る。難しい仏教を学ぶよりも、イベントを楽しみながら極楽を目指しましょう。一遍上人が優しく踊り方や念仏を指導します。庶民の方だけでなく、貴族・武士の方も参加OK。TikTok自撮りブースもあるので、その場で動画投稿できます。

●**告知・注意喚起**：スケジュールは事前にX公式アカウントにて告知し集客。雨天の中止連絡もXにて発信。避難動線、点字ブロックなどに干渉しないよう十分な配慮の上実施します（想定外に人数が集まった場合は、地元警察と協力の上対応予定）。

●**配布物**：参加者に念仏札を配布（参考：これまでの実績＋見込みで、のべ25万枚配布予定）

●**予算**：実施費用は托鉢《たくはつ》にて賄うため、公費の持ち出しはありません。

ダンスに込められた一遍上人の救済メッセージ

TikTokで動画がバズれば、それだけで何かが大成功したかのように感じてしまいます。しかし冷静に考えれば、「世の中の見方を変える」ためには「何のために踊っているのか」というストーリーを広報で知ってもらわなければ、実は何も達成したことにならないでしょう。動画をバズらせることと真面目な広報活動はワンセットなのです。悩ましいのは、SNSがバズっていなければここでの広報効果は上がりません。大してバズってもいないものを「私たちの動画がバズっています」と広報することほど、カッコ悪いものはありません。

ついでに言いますと、バズらせたいからマスコミを利用する、というのも悪手です。マスコミは、あなたの会社の宣伝を無料でやってくれる慈善団体ではありませんので、彼らから見て「伝えるべき理由」が必要です。どこの何とも分からない動画を「これ面白いから見てみな」などというノリで、ニュースで流せるわけがありません。伝える立場として、マスコミが付加価値を付けられなければニュースになりません。整理すると、まず動画がバズって、それからマスコミがニュースにするのが順番であり、その逆はない、ということです。動画PRを行っている会社の多くが、ここを勘違いしているように思えます。

ともあれ、ダンスによる話題拡散という一遍上人の作戦は大成功を収め、踊念仏は大きなムーブメントとなっていきます。一見奇をてらった行動のように思える踊念仏ですが、本書のテーマであるストーリーの視点で捉え直すと、踊りを踊るという中に「身分の違いなく人々を救う」というパーパスがうかがえます。その目的のために、どうしたら一般の人も念仏を唱えてもらえるかについて、真剣に考えた上での発想の大転換が踊念仏だったのです。

このように、表面的に捉えていては知ることができない本当の意味、目的が存在し、それを言語化することがストーリーテリングです。踊念仏にはそれがありました。

もう一つ、「ストーリーは単純なほうが良い」ということを本書で繰り返し述べてきました。恐らく、一遍上人も同じようなことを考えていたのではないかと思います。

仏教の神髄を理解するには、空海のような超天才でもなければまず不可能なことです。そこで仏教では、相手の理解能力に合わせて仏教の教えを単純化して伝える「対機説法」という手法が存在します。踊念仏も難しい仏法をダンスという形に単純化させたことで、25万人のフォロワーを獲得するに至ったのです。

29

意外と締め切りがキツかった『古事記』

オウンドメディアで情報発信

最近では広報活動といっても、外部のメディアに取材を仕掛けるだけでなく、YouTubeなどのソーシャルメディア、メルマガや自社ブログなどのオウンドメディアといわれる手法を活用する企業が増えてきているように思います。

広報がオウンドメディアに手を出すのは、何といっても「必ず露出する」という点です。ネット上を流通する情報が増えた今日、プレスリリースを流しただけではなかなか記事に採用してもらえませんので、単純にアウトプットが確実なオウンドメディアは大きな魅力です。

そして、もう一つのメリットとして「自分たちの書きたいように書ける」ということがあります。ここまで散々「ストーリーが大事だ」「ストーリーを作れ」と言ってきましたが、それをどう露出させるのか、という点については、オウンドメディアは確実な方法でしょう。

昨今のオウンドメディア人気の高まりとストーリーテリングに対する注目は、偶然の一致ではないように思えます。

■オウンドメディアに可能性を感じた天武天皇

食品メーカーの場合、自社製品を使った料理を解説するオウンドメディアを作ったり、釣り具メーカーは釣りの楽しさを伝える動画を作ったりします。これらは利用者から見て楽しく役に立つという側面もありますが、実際にはその企業の製品を活用する方法を広めることによるプロモーションが目的です。こうしたお役立ち情報でなければ、人様の会社の宣伝を見るために、わざわざサイトを訪問する人はあまりいないでしょう。

料理や釣りを題材にしたオウンドメディアの動画は製品の訴求にもなっていますが、少し引いた視点で見ると、動画を通じて「食を豊かにするため」「釣りによって楽しく人生を過ごしてもらうため」という、企業のパーパスを実現させるストーリーを語っているともいえます。こうしてストーリーに触れてもらうことで、そのブランドのファンになってもらえる可能性もあるので、エンゲージメントの面でもオウンドメディアはとても大切なのです。

実は1300年ほど前に、この「ストーリーテリングにはオウンドメディア」という構造に気が付いた人がいました。天武天皇です。そうです、そのオウンドメディアとは712年に成立した、ご存じ『古事記』です。

それから8年後の720年に、『日本書紀』という似たような内容の本が発行されています。日本史でこのことを習った時、筆者の頭に浮かんだのは「企画がかぶったのか？」でした。経済誌などで同じ発売週に同じような特集が組まれることがありますが、あれと同じことが奈良時代にもあったのでしょうか。

無論そうではなく、日本書紀は日本の正史であり、古事記は朝廷の私的な歴史書であるといわれています。日本の正史であることから、日本書紀は実は海外（中国）でも読まれることを前提に漢文で書かれていますし、編年体という時間軸に沿った構成となっていて、いかにも国家の正史という体裁です。一方の古事記は、もっと物語的に人物や出来事について深掘りするスタイルで、表記もよりカジュアルな万葉仮名、正直読んでいてワクワクして感情移入するのは圧倒的に古事記のほうです。実はこの感情移入は、ストーリーテリングとしてとても大切なことです。

ここからは筆者の想像ですが、古事記には何か共感を得たいストーリーがあり、そのためワクワクする物語のスタイルを用いて編さんされたのではないかと思います。編さんを担当した太安万侶《おおのやすまろ》から、メールが届いているようです。

古事記編さん方針確認の件

TO：元明天皇
CC：稗田阿礼

FROM：太安万侶

毎々お世話になっております。古事記編集部の太安万侶です。
もう締め切りまで日程の余裕がありませんのでメールで失礼します。

過日よりご指示いただきました古事記編さんの件、ライター稗田《ひえだ》くんと相談の結果、下記の通り取りまとめましたのでご確認いただきたく。

稗田くんの記憶をたどりながら、おおよそ以下のようなストーリーを再現。

・あめつち初めの時〜イザナギ、イザナミ〜天照大神誕生あたりまで（上巻）
・神武天皇降臨〜応神天皇（中巻）
・以降推古天皇まで（下巻）

以上3部構成を基本とします。
ただし後半はかなり直近の出来事で、すでにネタバレ気味なため簡単に流すこととします。

ご指示の通り、朝廷関係者の家系がどのように神話とひもづいているかを丁寧に説明し、各家の権威アップに利用できるコンテンツを目指します。

●読まれるコンテンツとしての工夫
前回ライターの稗田くんから「まだまだ面白いエピソードがある」という提案がありました。そこで以下のようにストーリーに採用してみたいと思います。

・天照大神の岩戸隠れ（岩戸隠れの原因となった弟スサノオは追放）
・弟スサノオによるヤマタノオロチ退治

スサノオは悪役からヒーローに急変しキャラ崩壊していますが、もう締め切りまで時間がないのでここは改心したということで乗り切ります。

●中巻においてはヤマトタケル伝説を挿入

主人公は女性に変装してもバレないほどのイケメン設定で読者を引き付けます。

途中困難に遭遇した際は「草薙（くさなぎの）剣（つるぎ）」を使って乗り越えますが、これはスサノオがヤマタノオロチの尾から見つけた宝剣だったという設定で、伏線の回収を図ります。

また、古事記では聞き手を飽きさせない工夫として歌をふんだんに盛り込みます。

特に「八千（やち）矛（ほこ）の神の歌物語」は二股をかけた神が本妻と浮気相手双方に言い訳するといった、ドロドロの恋愛ドラマを音楽に乗せて語る予定です。これにより幅広い読者獲得の上で有効なコンテンツとなる見込みです。

なお、八千矛神、オオナムチ、オオモノヌシなど、キャラ的にかぶっている人物が複数出てきて紛らわしい、というご指摘を宿題としていただいていましたが、かなり日程が押しているため、ここは編集判断で、やや強引ですが実は同一人物だったというオチで乗り切ろうと思います。

こうしたワクワクしたコンテンツの間に登場する神々が現在の有力貴族、豪族の祖先であった、というストーリーを差し込むことで、読者は楽しみながら各家の権威を知ることになります。

■かなりキツイ日程だった古事記の編さん

今回いろいろ調べて驚いたのは、古事記がたった4カ月で制作されていたということです（序文に自分でそう書いています）。実際には発案者であった天武天皇の崩御によって一旦ペンディングになっていた出版が、元明天皇によって再びGoサインが出されてから4カ月ということなので、完全にゼロからではありません。

それにしても4カ月は早い。ちなみに本書は約半年くらい執筆に時間をかけ、打ち合わせや編集作業、レイアウト、校正、印刷などを含めるとさらに3カ月ほどかかりましたので、古事記の短納期がどれほどすさまじいかお分かりいただけるでしょう。

編集者の太安万侶も日経BPに入社したら、間違いなく敏腕編集者になっていたことでしょう。

改めて古事記がどんなコンセプトだったかを現代風に置き換えて見てみます。

まず、編さんの企画を立てさせたのは天武天皇でした。「壬申の乱」では大海人皇子として知られたあの人ですね。

天武天皇の期待としては、徐々に求心力が高まってきた朝廷と、そのサポーター的な豪族の地位を確立させる必要がありました。そのためには各家の家系がどのような系譜であるかを記したドキュメントが欲しいわけです。これが古事記編さんの目的の核心ということになります。

問題は、これをどうやって売れる本にするかです。先にも触れた通り、そんなこちら都合のコンテンツのオウンドメディアなど、誰もわざわざ読んでくれたりはしません。どんな本でも「書きたいこと」と「読まれること」は必ずしも一致しません。絶妙にそのバランスを取り、出版を成功させるのは編集者の手腕です。確かに書き手であるライター、作家の力は大きいのですが、それを生かすのも優れた編集者あってのものです。

オウンドメディアの場合、プロのライターに発注するケースもありますが、「こうした内容にしたい」という編集者的なポジションは、社員である広報が担うケースも多いでしょう。ビジネス側のニーズを外すことなく、ライターの意見を聞きその能力を引き出すことは、実は簡単ではありません。

その点、太安万侶は（あくまでこの本の中でのキャラ設定でですが）、様々な伝説、伝承を集めていたライター稗田阿礼の才能をいかんなく引き出し、１３００年後の今も読み継がれるオウンドメディアの〝伝説の編集者〟となったわけです。

しかし、古事記を読み返すと、確かにところどころ話が飛んでいるようにも見えますし、話の辻つまがおかしい部分もあります。これは４カ月で完成させろとのオーダーを入れた元明天皇が相当厳しかったため、突貫工事で進めた痕跡なのかもしれません。そう思って古事記を読み返すと、ちょっと太安万侶の気持ちが分かる気がします。

30

「これって案件ですか？」
行基を熱くさせた大いなるストーリーの力

「ストーリーテリングを駆使した歴史上最高の事例を一つ挙げよ」と言われたとき、それは奈良の「大仏造立」ではないかと思います。大仏造立は多くの人と資源を動かす必要があり、その目的に見合った壮大なストーリーを人の心に響かせることが、この巨大な公共事業を成功させる鍵でした。

■ 大仏造立はその過程もまた目的だった

そもそも、奈良の大仏は何のために造られたのでしょうか。７４３年に聖武天皇によって発せられた詔書を見れば理由が分かります。この詔書は、現代でいうプロジェクトの企画書で、この骨子はおおよそ以下のような内容です。

「みんなの幸せのために、大仏を造りたいと思う。国庫から支出すれば、大仏を建てることはさほど大変ではない。しかしそうではなく、一般の人の協力でこれを造れば、それをきっかけに仏の教えに興味を持ってもらえる。たとえ1本の草、一握りの土でも協力してもらうことが大事なのだ」

もうお気付きと思いますが、この詔書そのものが大勢の人を動かすビジョンとエネルギーを含有しています。この時代、大仏を造るというのは、紛争や疫病といった社会課題を解決するためのソリューションでした。さらに聖武天皇は、この社会課題は国民を巻き込んで解決すべきだと考えたわけです。中央集権の権力者が一方的に造ることもできたはずですが、あえて大仏造りを国民に協力させることで、その過程で国民に考えるきっかけを与え、仏教の教えを理解させる、これもまた目的だったわけです。

ダメなプロジェクトにありがちなのが「手段の目的化」というものです。売り上げを伸ばすために、SNSのフォロワー数を増やすことを手段としたまでは良かったのですが、いつの間にかフォロワー数ばかり追いかけて、売り上げ効果が上がっていない、などですね。その点、大仏造立については、手段の中に真の目的があったといえます。こうした背景もあり、現在のクラウドファンディング方式で大仏造立の資金と資材を、あえて広く一般から集めるよう勅命が下ったのでした。

しかし、これで万事うまくいくかというとそうはいきません。クラウドファンディングがうまくいかなかった例は、山のようにあります。実際、クラウドファンディングで大仏を造ろうとして、頓挫した例がごく最近ありました。令和の時代、折しも世界はコロナ禍に見舞われ、天平の時代と同じように社会には不安がまん延していました。そこで天平時代と同じように、クラウドファンディングで大仏を造る運動が起こります。令和の大仏のクラファンは目標額1500万円。しかし結果は、応募した人はわずか178

人で、プロジェクトは未達成でした。

あくまで一般の人の活動であり、ネタでやっていたように見えるので、国家プロジェクトとは比べるべくもないものですが、一応比較をしてみますと、奈良の大仏造立は材木の寄進5万1590人、金銅の寄進37万2075人といいますので、ちょっと桁が違い過ぎます（奈良女子大学「文化史総合演習　成果報告」より）。

インターネットのなかった時代に、これだけの人を動かせた背景としては、インフルエンサーの活用がありました。世の中、いいことを言って、言いっ放しで実効性のあるプランに落とし込めない人がたくさんいるのですが、聖武天皇、そこは抜かりなかったということです。クラファンにインフルエンサーを巧みに使いKPIを達成します。現代に生まれていれば相当な敏腕マーケターになっていたのではないかと思います。

■関係がギクシャクしていた行基への依頼

こうして聖武天皇が考え抜いてキャスティングしたインフルエンサーは、歴史の授業でも習う「行基」でした。行基は民衆に人気のある僧侶で、なおかつ土木、建築の専門技術を持っていたので、この事業のインフルエンサーとしてはうってつけだったのです。しかし、実は朝廷との関係がギクシャクしていたようで、聖武天皇の勅使は「案件」の相談でちょっと苦労したようです。

勅使：行基さん、勅使です。お疲れさまです。ちょっと今いいでしょうか。

行基：はい。今灌漑《かんがい》工事でバタバタなので、すぐ終わる話なら。

勅使：あの、大仏造立の資金集めでクラファンやるんですが、ぜひ行基さんの力で盛り上げていただけないかと……。

行基：いや、あなたたち、ついこの間までウチらのこと迫害してましたよね？　これって案件？

勅使：その節は申し訳ありませんでした。

行基：なんか調子いいな〜。これって案件ですか？

勅使：はい、案件としてお願いしております。で、大仏なんですが、サクッとバズらせられないだろうかと。

行基：まあ、布教で全国にネットワークはありますから、ウチらから有力者に声かけて「寄付すればご利益です」みたいな話にすれば、まあまあ集まると思いますよ。

勅使：あの、今回寄付のほうは「草一本からOK」っていうトンマナで統一したいんです。

行基：それだとかなりスタッフ稼働させなきゃ回らないので、規模感って分かりますか？

勅使：ざくっと金銅だけでも37万人くらい寄進してもらう見積もりになっています。そこから逆算で、行基さん側の費用感をお出しいただけるでしょうか。

行基：承知です。まあいろいろ言いましたけど、詔書を読んだ時に、仏教やってる人間であれ読んで熱くならないやつはいないと思いましたね。正直、これはやるしかないな、と。過去のことは忘れてやらせてもらいますよ。

勅使：よろしくお願いします。

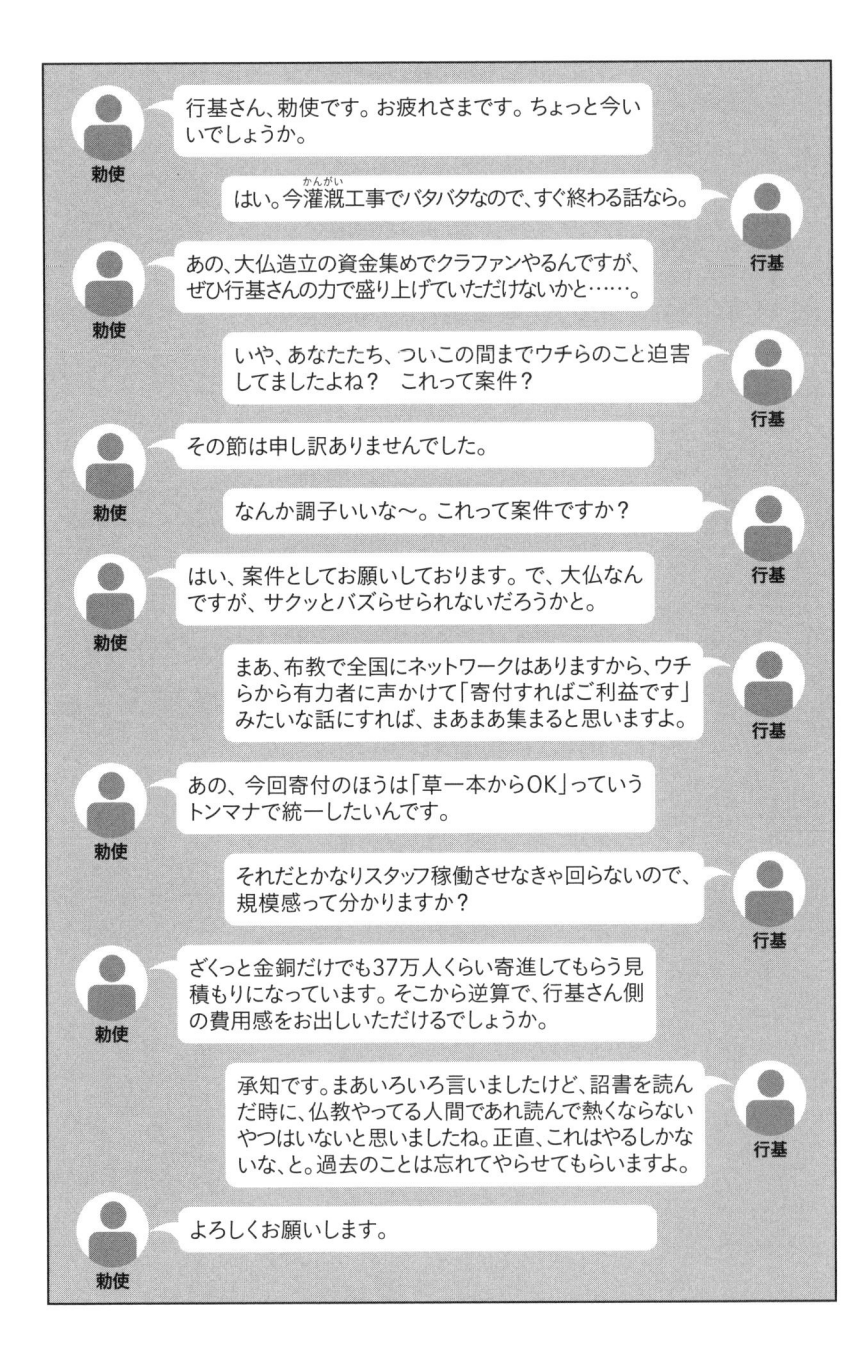

■心を熱くするストーリーが大事業の起点になり得る

こんなやり取りはなかったでしょうが、最終的に行基は聖武天皇の理念に賛同し、生涯を懸けて大仏造立のための資金集めに奔走しました。行基の存在なくして、今日我々はあの荘厳な大仏像を拝むことはできなかったはずです。

そこで筆者が思うにクラファン成功の鍵とは、次の3つをどれだけ伝えられるかではないかと思います。

①共感したくなるビジョン（例：貧困をなくしたい）
②達成のための実行計画の確かさ
③達成への熱量

①のビジョンは、すでに聖武天皇が明確に詔書で示されています。この聖武天皇の詔書のビジョンを補う存在として、土木の専門家であり全国に顔の利く行基をインフルエンサーに起用したので、②の実行計画も地に足の着いた完璧な内容だったのではないかと思います。ただ、この①～③の要素について難易度で順番を付けるとしたら、結局③の熱量が一番難しいのではないかと思います。①や②は頭のいい人がいれば何とかなると思いますが、熱量を伝える、という行為は努力してやるものではない気がします。

本書でこれまで見てきた中でも、吉田松陰や一遍上人などは、恐らく〝素〟で熱かった人だったように思えます。一方、豊臣秀吉は計算の上で熱くなったように装える人でした。どちらも現代においても稀有《けう》な存在であることに違いはありません。そして、大仏造立における③の熱量については、行基によるところが大きいでしょう。

会話の中にもでてきましたが、行基は一時期、朝廷から迫害を受けていたことがありました。そんな過去があったので、インフルエンサーの案件を持ってこられて、本当なら行基の胸中は複雑だったでしょう。それでも依頼に応えて、誰よりも熱心に大仏の勧進を推進しました。

行基の心にスイッチが入ったのは、いわゆる「案件」だったからではありません。あくまで聖武天皇のビジョンに共感したくなる力があったからでしょう。金銭で契約したインフルエンサーも結構ですが、やはりどうしてもプロジェクトに懸ける熱量において、いま一つ足りないのが外部に伝わってくるものです。

こうして整理してみると、確かに奈良の大仏造立において行基の功績の大きさに疑う余地はありません。しかし、その行基が過去のしがらみを捨て、生涯を懸けるに値すると判断した聖武天皇の詔書が、すべての起点になっていることが改めて理解できます。1通のメール、1本の電話、1回のプレゼン。こうした一回一回のストーリーテリングの場が、多くの人を動かす起点となり得るのです。

奈良の大仏の鎮座する東大寺。高さ48メートルの大仏殿、南大門には8メートルを超える金剛力士像、そして15メートルの盧舎那仏などなど、圧巻のスケールです。これをゼロベースで考えた聖武天皇、それを「やりましょう」と受けた行基ら、当時の関係者の熱量を感じさせるに十分過ぎる迫力です。何だか奈良に行ってみたくなりました。

31

『宮さん宮さん』でミームを狙え！

仕掛けたのは新政府軍の広報か？

「ネットミーム」とは、インターネット上で自発的に派生、拡大していく「文化的遺伝子」という意味です。話題になった元ネタが拡散するだけではなく、大喜利のように競い合いながら新たなパロディーが誕生するなど、様々な社会現象を反映するミームを見ることができます。

特にスマートフォンが普及して以降、一般の人が音楽や動画で情報発信できるようになったため、ダンス動画や歌なども「踊ってみた」「歌ってみた」という現象が起き、模倣やパロディーも作られ、国境を越えて大流行する時代となっています。このようなネットミームの拡散力をビジネスに活用できれば、これ以上破壊力のあるPRはないでしょう。

実はスマホもSNSもなかった明治維新の時代、この現象を意図的に仕掛けた恐るべき先見性のある人たちがいました。戊辰戦争の時に官軍が歌った『宮さん宮さん（トンヤレ節）』という〝謎の歌〟がそれです。

ここでも松下村塾OBがからんでいた

ちょっと一番の歌詞だけここに書いてみますとこんな内容です。

宮さん宮さん　御馬の前に
ヒラヒラするのは何じやいな
トコトンヤレ　トンヤレナ
あれは朝敵　征伐せよとの
錦の御旗じや　知らないか
トコトンヤレ　トンヤレナ

歌詞に出てくる「宮さん」とは、戊辰戦争の官軍の総大将、東征大総督の皇族、有栖川宮熾仁親王殿下のことでした。有栖川宮様はできたばかりの新政府の総裁ですので、当時の最高権威です。東京都港区の麻布に「有栖川宮記念公園」という公園がありますが、その有栖川宮さんです。

また「錦の御旗」とは、この旗を掲げている軍隊は天皇の正規軍であることを示すシンボルです。つまりこの歌は、この軍隊に歯向かう幕府軍は朝敵であり、この旗を掲げた官軍がこれから朝敵征伐するよ、という意味の歌だったのです。

一遍上人の項で書きましたが、ＰＲ視点で見ると、音楽というのはメッセージを入れて運搬するためのコンテナのようなものです。『宮さん宮さん』に詰められたメッセージは「朝敵討伐」です。本書で何回も出てきましたが、朝敵の指定を受けることは日本史のどの時代においても死亡フラグです。こんな歌を日本国民が楽しげに歌っていたら、抵抗を続ける幕府軍兵士に対して、心理的に非常に大きな揺さぶりになったと考えられます。

この心理作戦は偶然発生したものではなく、新政府軍の広報が狙って作ったものでした。本書の「もし〜に広報がいたら」という設定は基本的にフィクションですが、こと戊辰戦争の新政府については、本当に広報を担当する人物がいたのです。その使命は、戊辰戦争の戦勝を大衆にアピールするための裏工作です。完全に広報、そしてストーリーテリング活動ですね。

その広報とは、元松下村塾塾生でもある品川弥二郎です。通説ではこの歌は作詞が品川弥二郎、作曲は大村益次郎ということになっています。大村は新政府きっての秀才。その大村の頭脳と松陰先生の薫陶をうけた品川。一体どんな思惑があってこんな音楽を作ったのでしょうか。

大村さん、狂ってますか？

品川弥二郎

は？

大村益次郎

あ、大村さんは松下村塾の卒業生じゃありませんでしたね。失礼しました。あの、錦の御旗のプロモ案なんですが、ちょっと行き詰まっていまして。壁打ちの相手になっていただけないかと。

品川弥二郎

もちろんいいですよ。どんな案が今あるんですか？

大村益次郎

瓦版とか、立て札とか考えたんですけど、なんかバズりそうもない気がして。

品川弥二郎

大衆を味方に付けるために、何かをやらせるというのは？

大村益次郎

大喜利でもやるんですか？　こんな新政府はイヤだとか。

品川弥二郎

それってこっちにネガティブでしょ。だったら、「歌ってみた」みたいなのをTikTokではやらせるほうがいいでしょ。少し踊りも入れると若い兵士の間ですぐに拡散するでしょ。

大村益次郎

歌をはやらせるってことですね。ところで何ですか、TikTokって。

品川弥二郎

まあいいじゃん。それより作詞作曲は誰がするの？

大村益次郎

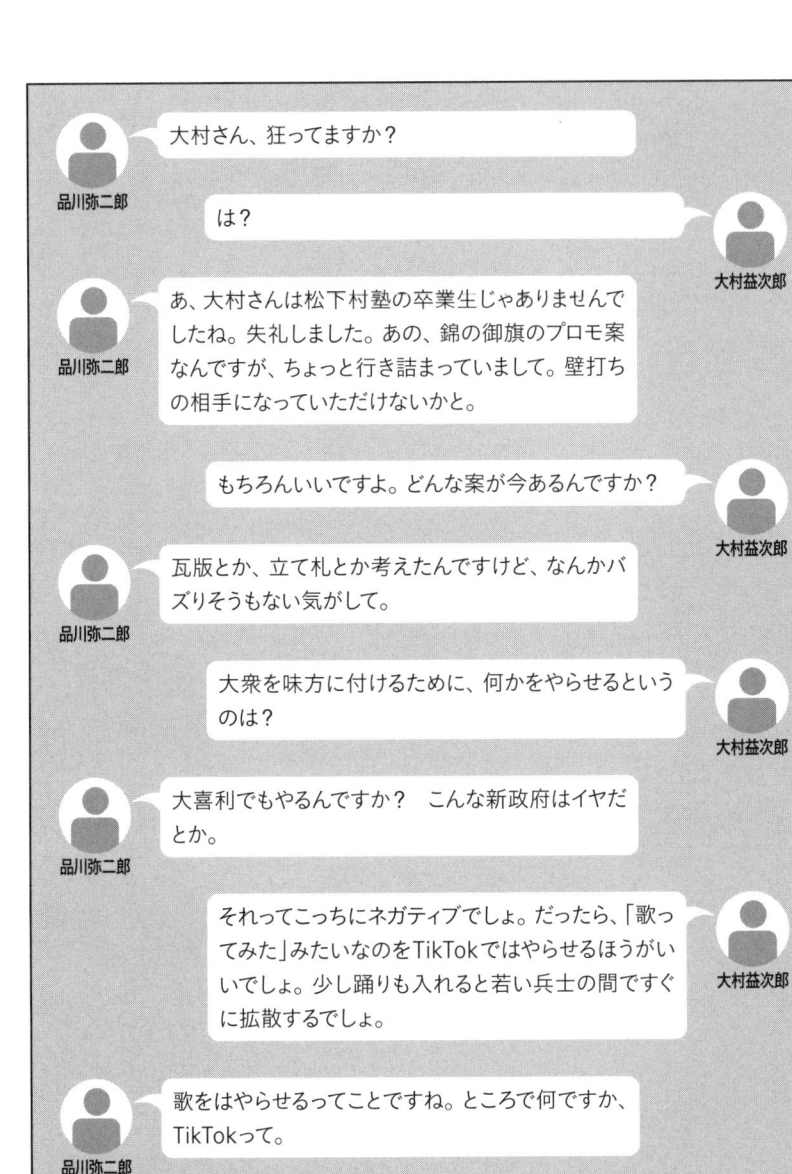

適当にそのへんに転がっているものを(汗)
品川弥二郎
それって著作権的にアウトじゃん。それより品川さんと僕で作詞作曲コンビってことにして、二次創作OK、商業利用OKにしたら拡散しやすいんじゃない?
大村益次郎
え、いいんすか? 大村さんとユニットとかマジ、テンション上がります。
品川弥二郎
将来ネットミームになるとおいしいんじゃないかな。
大村益次郎
さっきから何言っているんですか?
品川弥二郎

ミーム化した『宮さん宮さん』は『鬼滅の刃』にも登場

『宮さん宮さん』は官軍の兵士の間ではやっただけでなく、一般市民の間でも愛唱され、明治維新後も様々な替え歌が作られるなどし、昭和の時代まで歌い継がれた曲です。まさに「歌ってみた」と「二次創作」という、現代のサブカルを地でいく展開だったのです。ちなみに、かの大ヒット漫画『鬼滅の刃』でも『宮さん宮さん』が歌われているシーンが出てくるのでびっくりですね。

「歌」というものは、人間が共感しやすい普遍的な何かを持っているのでしょう。そこに目を付けた品川、大村の頭の柔らかさは、本当に底が知れないと言わざるを得ません。

それにしても、今回「熱いエピソード」を選んだだけのつもりだったのですが、そこにやたらと松下村塾のOBがからんでいるのは何かありそうです。

品川は松下村塾の他のOBたちと共に英国公使館焼き討ちをした、いわば放火と国際問題を同時に引き起こした超絶危険人物でもあります。また、明治になってから選挙を妨害して、全国で25人もの死者を出す事件も起こすことになります。自分の目的のためには不法行為も犠牲もいとわない、この軸のぶれなさ加減が松下村塾の教えです。

放火仲間には他に高杉晋作、伊藤博文、廃藩置県を提案した野村靖など、そうそうたるメンバーがいました。大砲をかました「下関戦争」の賠償交渉の席、外国の代表団は目の前に座っている日本側代表が英国公使館に火を付けた高杉、伊藤だと知っていたのでしょうか。その伊藤は、後に総理大臣になって暗殺されるという振れ幅の大きい人生を送ります。

楠木正成をお手本とし、徳川光圀の開いた水戸学が吉田松陰に影響を与え、その松陰から薫陶を受けた教え子たちのエネルギーが、幕末と明治という時代をつくったのです。ストーリーの持つ熱量が、物理法則とは逆に時間と共に拡散・増幅した結果といえるでしょう。

なお、現代の我々が「とことんサポートします」のように使う「とことん」という言葉も、「宮さん宮さん」の流行からだといわれています。楽市楽座の項でも述べましたが、時代を変えるエネルギーを持ったストーリーは「新しい言葉」をつくるものなのです。

32

【特別編】純白の作業服はなぜ「ホンダの正装」なのか

いよいよ本書も「あとがき」を残し、これが最後のエピソードとなりました。ここで改めて言うのも何ですが、本書は歴史エンタメ本のような体裁に見えつつも、一応はビジネス書です。特に「ストーリーテリング」が、どのようにビジネスにインパクトを与えるか、その点を中心に歴史上の出来事を題材に書いてきたつもりです。

このビジネスインパクトという点をもう少しご理解いただくため、本書を締めくくる前に、私の大好きな現代のビジネスストーリーを紹介したいと思います。

■ まずはホンダの入社式の画像をググってください

みなさんは本田技研工業という会社をご存じですね。そう、自動車メーカーの「ホンダ」です。日本が世界に誇る大企業で、戦後の日本経済の復興を象徴する企業の一社ですが、ここで一つ、検索エンジンで「ホンダ　入社式」とググっていただけますか？　すると入社式というよりも、工場の仕事始めか何かのような、白い作業服を着た人の写真がたくさんヒットしたかと思います。

実はこの写真、間違いなくホンダの入社式の風景です。作業服姿というと、ダサい、人前に出る服装ではない、と思う人がいらっしゃるかもしれません。しかし、ホンダという会社にとって、この白い作業服こそ重要なイベントのときに着用する「正装」なのです。

ホンダはご存じの通り、本田宗一郎という一人の技術者によって誕生した会社です。決してエリートではなかった宗一郎氏は、見習いとして技術者の道を歩み始め、様々な苦労を持ち前のガッツと創意工夫で乗り越え、１９４８年に42歳で本田技研工業を立ち上げます。

ある程度会社が成長した後も、一人の技術者として現場に立つことにこだわった宗一郎氏の哲学は「現場・現物・現実主義」といわれ、同社の中で大切に継承されている企業哲学でもあります。

そんな宗一郎氏の技術屋魂を感じさせるエピソードが１９５４年の「マン島ＴＴレース出場宣言」です。この時、ホンダの経営状態は決して良いものではなく、経営面の責任者であった藤澤武夫氏はボーナスカットのため、労働組合に頭を下げて説明をするようなありさまでした。「マン島ＴＴレース出場宣言」はそんな折、社長名で出された文章でした。

その全文はホンダのホームページに公開されていますので、一読されることをお勧めしますが、何カ所か引用してみましょう。

「今や世界はものすごいスピードで進歩しているのである。然し逆に、私年来の着想をもつてすれば必ず勝てるという自信が昂然と湧き起り、持前の斗志がこのままでは許さなくなつた。」

「此のエンジンが完成すれば、全世界最高峰の技術水準をゆくものと云つても決して過言ではない。」

「本田技研の將來は一にかかつて諸君の双肩にある。ほとばしる情熱を傾けて如何なる困苦にも耐え、緻密な作業研究に諸君自らの道を貫徹して欲しい。」

（ホンダ　ホームページ「Honda700勝の軌跡」より）

通常、経営危機に当たって経営者が言うことといえば、開発費の節減や製品の原価ダウンの指示です。しかし、経営難でもめている最中に社長から出たこの一文は、いわば自分たちの技術に誇りを持ち、世界一になる情熱を燃やせというものでした。

この日から、ホンダの技術者たちはマン島レースで勝つためのエンジン開発に没頭します。そして作り上げたエンジンは、驚異的な性能で世界を席巻しました。そのあまりの精巧さに海外のライバルたちは「まるでスイスの高級腕時計のようなエンジンだ」と舌を巻いたといいます。

ここからホンダは「世界のホンダ」として認められることになり、技術でも業績でも快進撃が始まります。いわば、「世界一を目指す」という技術者の夢と現場の情熱で経営危機を乗り切ってしまったのです。

「The Power of Dreams」

これは現在の本田技研のブランドタグラインですが、テレビCMでこのフレーズを聞くたびに、私はマン島レースのエピソードを想起せざるを得ません。

長くなってしまいましたが、このことからも宗一郎氏が現場と技術に誇りを持っていたことは想像に難くありません。この他にもF1（フォーミュラ1）グランプリ優勝、米マスキー法排ガス規制を世界で最初にクリアしたCVCCエンジンなど、ホンダの歴史は技術者の歴史でもあります。

その時、現場にいた技術者たちがいつも着ていたのが、例の白い作業服です。ホンダ社員にとって胸に赤字のロゴの入ったこの作業服は単なる作業服ではなく、ここに書いたホンダストーリーをいくつも背負った最高に誇らしいものなのです。

■ 褒章授与の場にも白い作業服で？

そしてそのことを一番強く思っていたのは、宗一郎氏自身でした。こんなエピソードが残っています。

宗一郎氏が1952年に、藍綬褒章を授与されることになりました。こういう場合、礼服のモーニングを着ていくのが習わしなのだそうですが、「技術者の正装とは真っ白な作業着だ」と言い、その服装で出席しようとしたのです。

実はこの「真っ白な作業服」というのは、実用面でもちゃんと意味があります。私も一応、工場のある会社にいたことがあるので分かるのですが、品質の良いものをつくる工場は必ず整理・整頓・清潔・清掃・躾《しつけ》が行き届いています（これを5Sと言います）。つまり、会社の作業服をあえて汚れが目立つ白にするということは、それだけ5Sを徹底する自信があるということです。真っ白な作業服で天皇陛下に拝謁するのは、技術者として最高に誇らしい瞬間なのです。

最終的にはさすがに礼服を着てくれたそうなのですが、作業服を着ている技術者としては誇らしくなるエピソードですね。そんなわけで、ホンダの正装は今でも「真っ白な作業服」なのです。最初に書いた入社式では、新入社員はもちろん、社長以下の全員が作業着になります。

他にも、ホンダの野球部は強豪チームで、たびたびプロ野球のドラフトで指名される社員が出ます。その指名を受けた後に記者会見を行う際も、白い作業服であることが多いようです。これは、たまたま作業中に会見が始まって着替える時間がなかったわけではなく、ホンダを代表してマスコミの前に立つに当たり、社員として最もふさわしい服装としてあえて着ているのだと思います。

と、ホンダの白い作業服には、このようなストーリーが込められていたのです。

さて、みなさんがクルマを買い替えようと思い、各メーカーのディーラーを回ったとしましょう。全く同じ値段、同じ性能でデザインはどれも甲乙つけ難い、となったときに、このストーリーを知ったら、もうホンダに決めてしまわないでしょうか。ひょっとすると「少々高くても、本田宗一郎の魂を継承した技術者が造ったクルマを買いたい」と思ってしまうかもしれません。

■誰もが語るべき物語を持っている

このように企業やブランドにとって、その価値を高めるためにストーリーは大きな力となります。しかも注目すべきは、このマン島ＴＴレース出場宣言は１９５４年の出来事であるという点です。それから70年がたった現在でも、我々は胸を熱くさせられます。

私たち広報が行っているニュース発表は、せいぜい1週間もすれば忘れ去られます。目指すべきは、こうした揮発性の高い「ニュース」よりも、いつまでも人々の記憶に残り、語り継がれる「ストーリー」なのです。ホンダの「白い作業服」も、どの時代であっても共感を呼び、そこからこのストーリーがまた語り継がれているのです。

「そうはいっても、自分の勤める会社など平凡な会社で、ホンダのようなストーリーはない」と思われているかもしれません。現在私の勤めるアドビという会社は、写真や動画などのコンテンツを加工するソフトウエアを作っています。ここのCEOであるシャンタヌ・ナラヤンがことあるたびに言うセリフがあります。

Everybody has a story to tell.

「誰しもが、語るべきストーリーを持っているんだ」といったところでしょうか。ルネサンス期の天才彫刻家ミケランジェロは、彫刻を彫る行為を「石の中にはすでにその像は内包されており、芸術家の手によって余計なものを取り去られ自由になるのを待っている」と考えていたそうです。

自分の会社やブランドに対する解像度を上げて見てみると、何かがそこにあるものです。経営者、社員、工場や販売店などの現場、商品そのもの……。そこに込められたすべての「人の心」はストーリーになります。そのストーリーが埋没している周囲から余計な情報を取り払っていくと、どんな会社や組織であっても、自由になることを待っている魅力あるストーリーを彫り出すことができるのではないかと思います。

現在はYouTubeやオウンドメディア、あるいはソーシャルメディアに投稿される1枚の写真ですら、ストーリーを雄弁に語ることがあります。手段はいくらでもある時代です。良いストーリーを見つけて、それを人の心を打つ形にもっていくことのハードルは、かつてないほど低くなっています。広報、ＰＲ、マーケティング、あるいはセールス、ビジネスにおいてコミュニケーションをする立場の人、すべてがストーリーの語り手となるべき時代なのです。

おわりに

「鈴木さん、第二弾やりましょう」

2021年に発行した拙著『もし幕末に広報がいたら「大政奉還」のプレスリリース書いてみた』から約2年たった2023年の終わりごろ、お世話になっている日経BP編集の酒井康治さんから今回の出版のお声がけをいただきました。ありがたいお話なので、早速お返事すると同時に、前著を書いた時に抱いていた疑問をテーマにすることをひそかに心に決めました。それは、

「なぜ人は面白い話をしたがるのだろう」
「なぜ歴史は面白いのだろう」

という疑問です。

私なりの解釈としては、物語を語ることは人類の本能的な行為だ、ということです。いわば、人は生まれながらにしてストーリーテラーなのです。この能力を現代的に体系化し、企業や国家などの様々な戦略に応用する手段として構築されたのが、広報という仕事です。平塚雷鳥の「元始、女性は太陽であった」の言い方を借りれば「元始、人は広報であった」のです。

おわりに

そして21世紀、SNSをはじめとする情報を発信するためのツールが、この「語る」という行為をさらに進化させせようとしています。

ネットで目にした話題にちょっと自分の主観を加えて次へ伝える。時に大きな話題になる一方で「炎上」のように極端な反応が出てしまうこともあります。広報としては厄介な時代でもありますが、こうした受け手の反応までもイメージしながらストーリーを組み立てていけば、会社の事業にインパクトを与えるコミュニケーションが可能になるでしょう。

本書でも紹介した通り、ストーリーは豊臣秀吉を信長の後継者として不動のものにし、豊臣家の家臣としてモラルを問われていた家康を次世代のリーダーにし、廃藩置県のような制度改革を可能にしました。このようにストーリーが持つパワーは、歴史の事実が証明しています。本書はこれらの事例を広報にとどまらず、ビジネス全般へのヒントとなることを念頭にお伝えしてきたつもりです。

最後の最後ですが、広報にとって「面白い」って大事なことだという話をします。

先に述べた通り、人類は生まれながらにしてストーリーテラーです。その本能を呼び起こすトリガーが「面白いから人に話したい」という感覚ではないかと思います。

無論どの文脈で何を話すかによって面白さは千差万別です。学者や専門家が興味深いと思うことは、一般の人が笑いのツボだと感じる点とは恐らく違います。自分にとっての主たるオーディエンスは誰なのか、その人たちにとっての面白さって何なんだろう。ここを押さえていさえすれば、あとはもう単純にどう面白くするかだけを考えれば、ほぼストーリーテリングは成功です。

本書の最初に書いた通り、ニュースは一瞬で消えてしまいますが、すべての聞き手が同時に語り手でもあるこの時代は、ストーリーが語り継がれていくにはむしろ良い時代になったと思います。現代は広報にとって黄金の時代と言えるかもしれません。

秀吉の一夜城や敵に塩を送った上杉謙信のように、いつまでも語り継がれるストーリーがこの本を読んだ企業の広報から発信され、「広報黄金時代」を証明してくだされば何よりです。日本中にいる広報の仲間たちの発信したストーリーが10年先、50年先にも輝いていることを祈念して筆を置きたいと思います。

鈴木正義

おわりに

参考文献

『新 もういちど読む山川 日本史』 山川出版社
『謎とき本能寺の変』 講談社現代新書
『足利義昭と織田信長 傀儡政権の虚像』 戎光祥出版
『徳川家康合戦録 戦下手か戦巧者か』 星海社新書
『楽市楽座令の研究』 思文閣出版
『信長研究の最前線 ここまでわかった「革新者」の実像』 朝日文庫
『都市文化研究』「楽市楽座令研究の軌跡と課題」 大阪市立大学大学院文学研究科都市文化研究センター
『道徳と教育』 吉田松陰における儒家的な「狂」の思想と実践：「兵学者」としての人物理解を踏まえて 日本道徳教育学会
『高杉晋作』 少年園
『藤公余影』 民友社
『幕末長州の攘夷戦争』 中公新書
『氷川清話』 勝海舟
『坂本龍馬』 岩波新書
『廃藩置県：近代統一国家への苦悶』 中公新書
『織豊政権と江戸幕府〈日本の歴史15〉』 講談社
『信長公記』

参考文献

『滋賀考古学論叢』「織田信長比叡山焼打ちの考古学的再検討」第1集
『天台学報』（昭和五十六年度天台宗教学大会記念号）正覚院豪盛の一考察－妙法院文書を中心として
『歴代古案』「内府ちかひの条々」について－上杉版「内府ちかひの条々」に関する若干の考察
『はじめての土偶』 世界文化社
『後北条氏家臣団人名辞典』 東京堂出版
『甲陽軍鑑大成』第3巻索引篇 汲古書院
『真田信之 父の知略に勝った決断力』 PHP新書
『人物叢書 伊達政宗』 吉川弘文館
『伊達政宗のすべて』 新人物往来社
『史伝 伊達政宗』 学研プラス
『沙門空海』 ちくま学芸文庫
『勤王事蹟別格官幣社精史』 二六興信所
『譯註大日本史』第4巻 訳註大日本史刊行会
『日本書紀の誕生：編纂と受容の歴史』 八木書店
『日本史の森をゆく』 中公新書
小田原市教育委員会ホームページ
時宗宗務所ホームページ
東大寺ホームページ
パナソニック株式会社ホームページ

著者略歴

鈴木正義（すずき・まさよし）

アドビ執行役員　広報本部長

ホンダグランド（現ホンダモビリティランド）、古舘プロジェクト、メンター・グラフィックス（現シーメンスEDA）などを経て、2004年よりアップルにて本格的に広報専門職のキャリアをスタート。Final Cut ProやiPhoneの広報を担当。2011年からはNECパーソナルコンピュータとレノボ・ジャパン広報。2022年9月からアドビ執行役員広報本部長。社会人ラグビーチームクリーンファイターズ山梨でも広報を担当。著書に『もし幕末に広報がいたら「大政奉還」のプレスリリース書いてみた』（日経BP）がある。

日経クロストレンド

「マーケティングがわかる　消費が見える」を編集コンセプトとするオンラインビジネスメディア。顧客相手のビジネスを展開している限り、携わるすべての人が「マーケター」です。顧客に寄り添い、課題を解決するヒントを探るべく、日経クロストレンドでは、マーケターのためのデジタル戦略、消費者分析、未来予測など、多彩なテーマの記事を平日毎日お届けします。また、第一線で活躍するマーケターを招いた各種セミナーイベントも定期的に開催。あらゆるマーケティング活動やイノベーション活動を支援します。
https://xtrend.nikkei.com/

家康様、明日は関ケ原でPRイベントです
ストーリーで日本を変えた広報の天才たち

2024年9月17日　第1版第1刷発行

著　者　鈴木正義
発行者　佐藤央明
発　行　株式会社日経BP
発　売　株式会社日経BPマーケティング
〒105-8308　東京都港区虎ノ門4-3-12
編　集　酒井康治（日経クロストレンド）
装　丁　中川英祐（Tripleline）
制　作　關根和彦（QuomodoDESIGN）
印刷・製本　大日本印刷株式会社

ISBN　978-4-296-20584-4
Printed in Japan